北京市教育委员会科研专项经费资助
首都体育学院校级学术研究平台“篮球青少年运动研究所”2015年项目

我国重点篮球学校评价指标体系的构建研究

陈　钧　何雨佳　著

北京体育大学出版社

策划编辑：赵海宁
责任编辑：赵海宁
责任校对：姜艳艳
版式设计：杨　俊

图书在版编目（CIP）数据

我国重点篮球学校评价指标体系的构建研究 / 陈钧，何雨佳著. -- 北京 : 北京体育大学出版社, 2016.12
ISBN 978-7-5644-2490-9

Ⅰ. ①我… Ⅱ. ①陈… ②何… Ⅲ. ①篮球运动—教学研究 Ⅳ. ①G841.2

中国版本图书馆CIP数据核字(2016)第313110号

我国重点篮球学校评价指标体系的构建研究
WOGUO ZHONGDIAN LANQIU XUEXIAO PINGJIA ZHIBIAO TIXI DE GOUJIAN YANJIU
陈　钧　何雨佳　著

出版发行：北京体育大学出版社
地　　址：北京市海淀区农大南路1号院2号楼4层办公B-421
邮　　编：100084
网　　址：http：//cbs.bsu.edu.cn
发 行 部：010-62989320
邮 购 部：北京体育大学出版社读者服务部 010-62989432
印　　刷：北京虎彩文化传播有限公司
开　　本：710 mm × 1000 mm　　1/16
成品尺寸：170 mm × 228 mm
印　　张：6.875
字　　数：103千字
版　　次：2016年12月第1版
印　　次：2018年9月第1次印刷
定　　价：28.00元

摘 要

我国重点篮球学校是指中国篮球协会（以下简称“中国篮协”）直属的篮球学校。自1988年开始，我国分别在吉林、沈阳、成都、南京、北京、秦皇岛、焦作、阜新、东莞9个城市成立了9所重点篮球学校。自重点篮球学校成立以来，它为我国竞技篮球后备人才的培养作出了较大贡献。但随着时代的发展，重点篮球学校的发展也遇到很多困难，目前还在继续办学的仅有阜新、焦作、东莞3所重点篮球学校。为了更好地将重点篮球学校办下去，加强对办学的评估、提高办学质量和效益是当前需要解决的重要问题。

本研究旨在通过对我国重点篮球学校发展现状的调查，确立我国重点篮球学校评价指标体系的指导思想与原则，找出我国重点篮球学校评价的影响因素，构建我国重点篮球学校评价指标体系，为新时期我国重点篮球学校的可持续发展提供理论支撑和实践参考。

本研究综合运用了文献资料法、访问调查法、问卷调查法、德尔菲法、层次分析法、数理统计法等，用于构建评价指标体系，并采用层次分析法计算指标的权重系数。主要研究结果如下。

（1）我国重点篮球学校虽然为我国竞技篮球后备人才的培养作出了一定的贡献，但在办校过程中也遇到一些问题，主要表现为：国家与当地的政策支持力度不够，办学经费不足，教练员薪资待遇低，场地设施紧张，体教结合不够紧密，优秀队员流失，队员参赛机会太少，学生出口得不到有效保障等。现存的3所重点篮球学校在办学上也有下滑的趋势。

（2）我国重点篮球学校评价指标体系构建的指导思想为全面贯彻党的教育路线方针，依据国家竞技体育发展战略，凸显重点篮球学校的建设特征。以重点篮球学校人才培养目标与培养效果的实现为评价重点，当前与长远相结合，以评促建，以评促改，推动我国重点篮球学校提高教学质量，走内涵式发展、人才培养的多样化道路。

（3）我国重点篮球学校评价指标体系构建的基本原则是：主体性原则、目标性原则、系统性原则、科学性原则、实证性原则和可行性原则。

（4）本研究构建的评价指标体系共包括5个一级指标，17个二级指标和45个三级指标。一级指标之间的权重系数差异较大，组织与领导为0.0582，学校管理、师资队伍建设和条件保障分别为0.1487、0.2013、0.1690，权重系数相差不多，办学绩效权重系数最高为0.4228。在二、三级指标中，只有“人才输送”的权重达到0.2459，其余的权重数值分布相对分散。

（5）从一、二、三级评价指标的综合权重来看，办学绩效指标的权重所占比例最大。因此，我国重点篮球学校在办校时应加大对办学绩效的重视程度，旨在提升我国重点篮球学校的评价分值。但对于其他的评价指标也不应轻视，要全面和充分地做好每一项评价指标的要求，有利于篮球学校整体实力的全面提升。

（6）由于我国重点篮球学校的办学目的与方针要随着时代的发展变化不断地进行调整，因此，其评价指标体系也应不断地调整与完善。鉴于评价对象的复杂性，本套评价指标体系还需要不断地充实与完善，建议中国篮球协会有关主管部门将此研究作为一项长期课题，以评促建，促进我国重点篮球学校的科学与规范发展。

关键词：重点篮球学校；评价指标体系；德尔菲法；层次分析法

目录

Contents

1 前 言

1.1 选题依据

随着我国政治、经济的快速发展，特别是经济体制改革的深入、国家体育发展战略的调整、体育体制和运行机制的改革、篮球职业化的推进，我国篮球运动迸发出了前所未有的活力。但随着改革的深入，我国篮球原有的三级训练网体系逐步解体，新的训练体系尚未形成，直接导致了国家队后继乏人，各俱乐部新秀凤毛麟角，后备力量严重不足。在这样的背景下，为了竞技篮球后备人才的培养，遏制篮球竞技水平的滑坡，我国重点篮球学校应运而生。

我国重点篮球学校是中国篮协、国家体育总局篮球运动管理中心直属的篮球学校，它以培养青少年篮球后备人才为主要目的，以培养青少年对篮球运动的兴趣和爱好、提高青少年身体素质并传授篮球运动技能与技术为主要任务，为国家培养优秀的高水平、高素质篮球后备人才。重点篮球学校的学生在校学习文化知识的同时，还进行篮球理论知识的学习及技战术训练，努力培养出高水平全面发展的篮球后备人才。重点篮球学校在一定程度上缓解了学训矛盾问题，学生的学习与训练两手抓，一方面能够培养出符合国家需求的全面发展的体育后备人才，另一方面可以为国家发掘和培养高水平的竞技篮球后备人才，从而增加篮球人口，促进篮球运动的普及和发展，为篮球后备人才的培养开辟一条崭新的道路。

自1988年以来，我国重点篮球学校陆续创建了9所，经过了近30年的发展历程，我国重点篮球学校的运作情况究竟如何？它能否可以作为青少年篮球后备人才培养机制改革的范例？它能否为我国竞技篮球运动培养出一批高水平的后备人才？现行的重点篮球学校能否可持续发展？要回答这些问题，首先必须要对我国重点篮球学校进行科学的评估，这是我国重点篮球学校深化改革所面临的一项重要任务，也是提高我国重点篮球学校办学质量的一个关键。但通过各种文献检索工具，目前只检索到其他领域的评价指标体系构建的相关论文，有关我国重点篮球学校评估方面的相关研究还处于空白状态。因此，针对我国重点篮球学校，构建一套科学的评价指标体系就显得尤为迫切与重要。

1.2 研究目的与意义

1.2.1 研究目的

本研究旨在对我国重点篮球学校调研的基础上，依据评价理论，构建我国重点篮球学校的评价指标体系。为我国重点篮球学校的考核评估提供理论支撑，促进其可持续发展，同时为中国篮协、篮球运动管理中心制定相关政策提供理论依据和实践参考。

1.2.2 研究意义

1.2.2.1 理论意义

为我国重点篮球学校可持续发展提供理论支撑，丰富篮球学科理论研究。

1.2.2.2 实践意义

根据建立的评价指标体系，有利于中国篮协科学、明确地对我国重点篮球学校的办学水平进行量化评估，促进篮球学校之间进行良性竞争，提高篮球学校的办学水平，带动篮球学校之间的协同发展，促进篮球学校的管理更加科学和规范化，推动教学改革，提高教学质量，具有较强的实践意义。

1.3 研究任务

（1）我国重点篮球学校现状。
（2）构建我国重点篮球学校评价指标体系的指导思想与基本原则。
（3）建立我国重点篮球学校评价指标体系。

1.4 文献综述

1.4.1 篮球学校在国内的研究现状

王守恒教授在《我国篮球项目竞技体育后备人才培养发展的战略思考》一文中指出，我国篮球项目竞技后备人才的发展思路是以科学发展观为指导，充分利用举国体制这一优势和市场调节体制，合理规划与布局，建成适合我国国情的篮球竞技人才培养模式，同时应坚持以人为本、身心健康、全面发展、循序渐进、精读精训、精细管理等原则。总体目标为强化人才基地建设，加强与教育部门之间的沟通与合作，注重后备人才文化知识的学习，追求质量与数量的双赢，保证梯队建设合理，努力提高教练员的执教、科研水平，建立青少年技术评定裁判员队伍，健全竞赛制度，保持青少年参加比赛的竞技水平，为国家队和篮球俱乐部培养出高水平的后备人才，源源不断地为我国的篮球事业输送血液。

闫军在《我国篮球后备人才培养体制改革研究》中指出，多年以来，我国篮球后备人才培养“三级训练网”在举国体制下优势明显，为我国篮球事业培养出不少优秀的人才，但由于长期以来投资的渠道过于单一化和国家资金的短缺，导致篮球项目遭受冷落，陷入低迷，同时体教脱离的情况普遍存在，致使运动员文化水平较低，影响运动员的分配与就业，从而导致体校面临生源严重缺乏的危机。建议政府在篮球后备人才的培养中起主导作用，利用政治和经济手段来协调好后备人才的需求问题和分布问题。各体校应积极与普通学校保持合作与交流，从各个渠道挖掘与挑选出更多更好的篮球后备人才，保证后备人才队伍健康持久地发展下去。

信兰成在《篮球改革与发展的思路和措施》中指出，要解放思想，转变观念，继续推进篮球改革，加强各级篮协的建设，发挥其应有的作用；健全篮球后备人才培养体系，使学训一体化，创建以中国篮协篮球学校、体校为主体，业余体校为重点，传统篮球学校为基础的人才培养训练体制；大力支持民办篮球学校或俱乐部，使篮球人才培养的途径多元化；规范青少年篮球训练工作，做到科学选才，提高教练员的教学训练水平。

郁俊在《从 CUBA 谈中小学篮球后备人才的培养》中，通过中国大学生篮球联赛（Chinese University Basketball Association 简称，CUBA）CUBA这一赛事分析了我国新型篮球后备人才培养体系，即从小学到中学再到大学然后到职业队的路径，得出我国中小学篮球人才就是我国篮球运动的基础这一结论，并提出了教育部门应该鼓励中小学篮球学校和传统学校去寻求社会资助，提高篮球学校的办学条件，同时鼓励社会各界兴办篮球学校，将市场经济引入其中，加强对篮球学校的资助，切实解决好经费的问题，增加篮球学校参与比赛的次数，从而提高篮球水平。

袁凤生在《河南省篮球传统项目学校现状调查与发展对策》中，对河南省篮球传统校的运行状况进行了调查研究，发现河南省篮球传统校的整体数量偏低，分布地区以中北部为主，经济相对落后的地区有待发展；经费的单一性也同样制约着河南篮球传统校的运行与发展；传统校的教练员年龄结构和职称结构基本合理，并且能够胜任篮球学校的训练工作；利用“体教结合”的优势，建立并完善新型的篮球后备人才培养体系。

刘明远在其硕士论文《我国篮球学校后备人才培养运行机制研究》中指出，篮球学校是在原来单元化的体系逐渐转变为多元化的开放的模式这一大环境下产生的，其目的是为我国的篮球项目训练和培养优秀的篮球后备人才；篮球学校根据其自身特点，即与业余体校的学习时间不充分不同，也与传统项目学校的训练不够周密和不够科学性不同，篮球学校具有学习和训练两者结合的优点，充分地体现出当前“体教结合”这个大环境下的时代要求；在增强后备人才系统化训练的同时，能够使文化课的学习也有所保障，从而多层次、多角度、多方面地解决培养篮球后备力量所遇到的学训矛盾。

焦胜利在其硕士论文《我国篮球学校现状及发展影响因素的研究》中，分析了篮球学校的目的以及主要任务。结果发现，篮球学校的管理制度还有待健全，运作组织管理人才相对欠缺，在选取生源的依据上科学性不够充分。虽然我国的篮球学校比较注重学生的文化课程学习以及德育教育，但是学生的学训矛盾依然存在。与此同时，政府应鼓励社会各界支持和创办篮球学校，摆脱政府单一资源投资的模式，强化篮球学校与各体育院校、省市专业篮球队、体育事业单位以及高校之间的交流与协作，增加学生的就业出路，避免人才资源的浪费。篮球学校还应加强选才的科学性，规范招生制度，增强学校教练员业务能力培养及培训制度的建设，提高教练员的训练水平和业务水平。

陈龙在其硕士论文《中国篮协直属五所篮球学校人才培养现状及发展对策研究》中指出，当前中国篮协直属五所篮球学校的体教结合体制已经大体形成，应该继续并坚定地执行体教结合的方法，而且应当加强并优化篮球后备人才的培养体制，妥善地处理好学生学习与训练之间的矛盾；在校的运动员参与比赛的次数不多，缺少比赛经验，导致运动员的训练效果得不到检测，建议学校适当增加比赛频数；教练员的科研能力相对欠缺，应重视培养与提高教练员的科研能力，以保证训练的科学合理性；我国篮球学校的经费不足，来源主要是国家的经费支持，应通过多种渠道吸引社会各界的支持与投资，在保障学生训练的前提下，为学校增加收入，通过宣传等手段调动社会各界对篮球学校的注意力及融资。

柳明义在《某青少年篮球学校的现状及分析》中，简单叙述了我国篮球学校建立的大环境及其建校背景，并介绍了其经费的主要来源、学生的来源以及毕业去向、篮球学校的教学现状，总结出篮球学校的成立是为了适应社会发展需要的，应规范学校的教学与管理，积极解决经费问题。

陈登辉在《我国篮球试点校运动员训练与文化学习的现状调查》中，通过对我国篮球试点学校和传统校运动员训练与文化学习情况的调查研究，提出要正确处理好学生的训练与文化学习的关系，进一步优化课程设置，切实做到因材施教，加强管理制度的建设，提高训练水平。

王小安在《中国篮球协会成都篮球学校后备人才培养前景与对策研究》中指出，中国篮球学校的建立对篮球后备人才的培养具有积极的作用，为我国篮球事业培养出了多方面发展的篮球后备人才，其创办起到了与体育院校和外界沟通及交流的作用。文章分析了人才培养的基本状态与走势，建议成都篮球学校学习和借鉴其他篮球学校的成功经验，努力改善自身办学水平。

综观国内有关篮球学校方面的研究，目前主要集中在我国篮球学校的发展现状与对策方面，缺少对不同篮球学校之间内在管理、运行体制方面的对比研究，更缺乏可操作性的、科学的评价指标和评价指标体系构建方面的研究。

1.4.2 关于评价体系的研究

邓继红在《中部地区示范性普通高中评价体系研究》中指出，由于我国各地区之间的经济、社会、文化发展不平衡，因此，对于评价体系而言，不可照搬其他地区，要做到具体问题具体分析，在制定评价指标体系的同时，应将地区差异综合考量。同时，文中指出确定指标体系权重的集中常用方法，包括了专家意见平均法、德尔菲法、层次分析法等，但其文中研究的制定评价体系使用的方法仅限于专家意见平均法，将涉及的7个项目交给若干名专家对其进行赋值，最终计算每项指标的算数平均数来确定其权重。

韩雪在《美国虚拟高中的评价体系及其借鉴》中指出，美国虚拟高中的评价取向主要分为人本化取向、以评促发展的学校建设取向、非主体性公正评价取向。其评价体系主要由评价标准、评价指标体系、评价支持构成。评价活动参与的主体有政府与学校、社会及学者。评价体系具有诊断、导向、鉴定和激励功能，可以找出虚拟学校存在的问题与不足，并有针对性地进行指导，最终促进虚拟学校的可持续发展。

万冬根在《当前高校评价体系分析与研究》中指出，高校评价的主要意义在于作为考生了解高校实力水平的一个重要依据。当前高校的评价体系有待进一步完善，由于高校的种类不同，用同一评价体系对所有类型高校进行评价并不能准确反映高校实力，需要增强评价体系的弹性。高校规模和科研质量的关系是高校评价的主要难题，应提出相应的意见与对策完善高校评价体系。

李海涛在《国内外高校评价体系最新内容比较及其启示》中指出，科学的高校评价和排名，已成为高等教育接受社会监督的一种最重要的形式。人才培养包括数量、质量、师资力量和学科建设，具体考察在校学生数、平均就业率、师生比、教师数、本科专业数、重点学科数等方面的11项三级指标。办学设施包括投入资金、硬件设施和软件设施，具体考察固定资产、建筑面积、图书藏量、仪器设备等方面的7项三级指标。

李木杰在其硕士论文《技工院校办学质量多元评价体系的构建研究》中指出，长期以来，各级各类技工院校的评审工作主要是采用学校自我评估和专家评价相结合的办法，但这种评价方式略显简单，不能完全反映出学校办学的客观情况。为了完善这种评价体系，作者在以政府、用人单位、学生、家长作为评价的主体上，构建出相应的评价体系。

刘青在《直属体育院校附属竞技体校办学水平评估指标体系研究》中指出，对竞技体校办学水平的评估就是依据竞技体校的办学目标，按照一定的评估程序，就其办学效益给予价值上的评判。意义在于通过对办学现状与目标之间差距的判断，推动竞技体校去完成预期的办学目标，从而提高其办学水平。该研究运用德尔菲法来确定评估指标体系，用层次分析法确定权重，建立三级指标，确定其评估内容、标准和评算方法，使整个评估体系具有较高的操作性。

刘志红在其博士论文《学校体育教学评价体系构建与可操作性研究》中指出，课程改革的实施要求建立相应的体育教学评价体系。该研究运用文献资料法、专家意见平均法、数理统计法、层次分析法等方法对体育教学评价体系与可操作性进行研究，根据相关的理论依据，最终确定评价指标体系的具体细则与权重，在评价方案中建立详细的操作提示，从理论和实践两个角度分析提高评价体系操作性的可行办法。

屈宏强在其硕士论文《学校体育均衡发展评价指标体系的构建与实证研究》中，提出学校体育全面发展的理念，经过3轮专家调查，确定了学校体育均衡发展评价指标体系的4个一级指标、10个二级指标、28个三级指标，构建出学校体育均衡发展评价指标体系并且进行了实证研究。

陈艳椿在其硕士论文《我国专业类高校评价标准与指标体系研究》中指出，当前我国专业类高校普遍追求综合性和规模化等问题，逐渐脱离了其办学目的，与办学方向相违背。因此，建立相应的专业类高校评价标准与指标体系势在必行。作者参考现行的高校评价研究成果细化出5项评价标准和33项评价指标，通过德尔菲法筛选出最终评价指标，用层次分析法对各个指标进行赋权，并就其运用方法进行详细的说明。

刘云龙在其硕士论文《高校教师评价体系构建》中，在前人研究的基础之上总结出高校教师及教育评价理论，对教师特征进行分析，筛选评价指标及方法，然后依据所选的评价方法进行算例验证分析，构建质与量的综合评价体系和评价顺序，最后对评价体系进行分析，总结其缺点与不足。

张丽在其硕士论文《高等院校课堂教学质量评价体系的构建》中指出，进行准确客观的教学评价是健全监控体系的重要条件，能促进学校转变教育理念，加快改革步伐，使教学质量和人才的培养有所保障。其意义主要表现在有利于教师归纳经验、提升教学质量以及学校完善管理制度等方面。

孙冰川在《普通高等学校体育教学评价指标体系的建立及其多元评价模型的研究》中指出，构建体育教学评价指标体系既要与其构成因素相关联又要与其过程因素相关联，教学评价要做到动静的有效结合，以评促发展。对体育教学的评价要高效能地完成，将有限的财力发挥最大的评价作用，其原则是导向性、科学性、可操作性。

黄春艳在其硕士论文《新纲要下普通高校排球选项课学习评价体系的构建》中，采用了文献资料法、教学实验法、数理统计法等方法构建了较为完整、科学的排球选项课的评价体系，评价形式分为自我评价、小组评价、教师评价等多种形式，将评价主体多元化并进行实证研究，发现此套评价体系能够更加全面地让学生了解自己的学习过程及成绩。

王蔷馨在其硕士论文《民办本科高校教师课堂教学质量评价体系的研究与实践》中，提出教学的各指标加权后共同组成一个互相关联与制约的整体，并指出当前评价体系出现的问题为评价主体单一化、评价数据片面性、评价内容主观性强等。作者针对以上问题构建出一套详细的评价体系指标，研究出一个综合计算评价公式，即学生评价成绩的40%加上专家评价成绩的60%。

综观以上，我国学校评价体系相关方面的研究，主要集中在选用评价的方式、采用何种研究方法、如何选取评价指标、确定指标的权重等方面，这些研究成果，对本研究有着重要的参考价值。

2 研究对象、研究方法与技术路线

2.1 研究对象

本研究以我国重点篮球学校评价指标体系作为研究对象。

2.2 研究方法

2.2.1 文献资料法

通过对中国知网、首都体育学院图书馆、中国篮协篮球学校和高水平人才基地评价资料进行相关文献资料的搜集与整理，同时收集了目前我国各级各类学校有关评估、评价等方面书籍和论文资料40余篇，经过研读、归纳和整理，为本研究提供理论依据和参考。

2.2.2 访问调查法

根据研究的需要，研究团队历时近一个月的时间，先后前往焦作业余篮球学校、东莞篮球学校、阜新篮球学校、南京篮球学校和秦皇岛篮球学校，就篮球学校的办学情况、存在问题进行实地访问调查。

2.2.3 问卷调查法

2.2.3.1 问卷设计

根据本研究的目的、任务和具体内容，遵守有关设计问卷的基本要求与原则，并结合我国重点篮球学校的主要问题，在初步访问调查的基础上，设计出专家问卷、教练员问卷和教师问卷，经行业主管部门负责人、相关专家指导后确定为本研究所需问卷。

2.2.3.2 问卷的有效性检验

效度是对测量的有效性或准确度的衡量，经过专家对设计问卷的结构、内容和总体效度进行评价，从而得到有效性检验结果（表1至表3），由此可知本问卷的内容基本能反映研究需要，具备调查的有效性。

表1 重点篮球学校调查问卷效度检验

(n=15)

效度	非常有效	有效	一般	不太有效	无效
结构效度	2	10	3	0	0
内容效度	3	8	4	0	0
总体效度	0	13	2	0	0

表2 教练员问卷效度检验

(n=15)

效度	非常有效	有效	一般	不太有效	无效
结构效度	3	10	2	0	0
内容效度	2	12	1	0	0
总体效度	1	14	0	0	0

表3 教师问卷效度检验

(n=15)

效度	非常有效	有效	一般	不太有效	无效
结构效度	2	13	0	0	0
内容效度	4	11	0	0	0

续表

效度	非常有效	有效	一般	不太有效	无效
总体效度	3	11	1	0	0

2.2.3.3 问卷的发放与回收

研究团队在访问调查期间，对阜新、焦作、东莞三所现存重点篮球学校的管理人员、教练员和教师现场发放问卷，当场进行填写并回收。问卷发放与回收情况见表4。

表4 问卷发放与回收情况

发放对象	发放数量	回收数量	回收率	有效问卷	有效率
管理人员	3	3	100%	3	100%
教练员	47	42	89.4%	42	100%
教师	22	22	100%	22	100%

2.2.3.4 问卷的信度检验

信度是检验一致性与可靠性的重要指标，本研究问卷采用重测法进行检验，选取了第一次发放问卷的20名教练员和10名教师，在半个月后以电话调查的形式，由本人提问代替填问卷的方式进行第二次调查。通过相关分析，得出两次调查结果的平均相关系数r=0.865，问卷信度符合研究需要。

2.2.4 德尔菲法

在文献资料研究的基础上，用德尔菲法通过两轮的问卷调查对我国重点篮球学校评价指标体系的设置进行层次结构调整和指标筛选，最终确定我国重点篮球学校评价指标体系。

2.2.5 层次分析法

运用层次分析法，对拟定的我国重点篮球学校评价指标体系进行专家问卷调查，然后计算出各级指标的综合权重系数。

2.2.6 数理统计法

综合运用Excel和SPSS统计软件，对回收的问卷结果和层次分析法的数据进行分析处理。

2.3 技术路线

技术路线见图1。

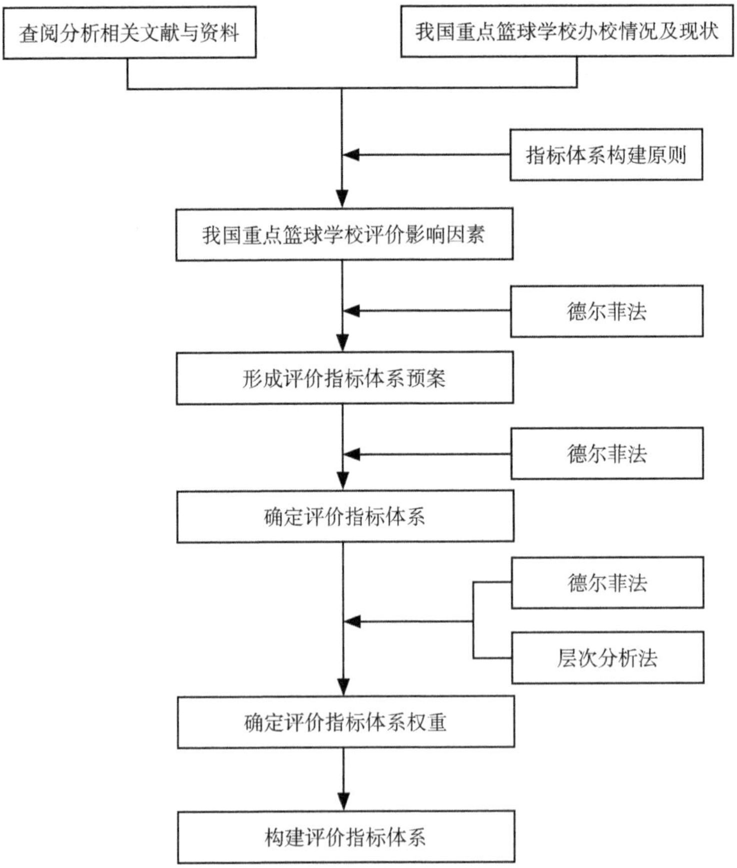

图1 技术路线

3 结果与分析

3.1 我国重点篮球学校的现状

3.1.1 我国重点篮球学校基本概况

通过调查研究发现，自1988年以来，我国先后成立了9所中国篮协直属的重点篮球学校，但由于政策、经费、生源、场地设施等原因，现有6所篮球学校已经停办，目前仅存3所重点篮球学校，分别为阜新、东莞和焦作业余篮球学校。

阜新篮球学校是经阜新市政府批准，在1999年正式成立。学校位于辽宁省阜新市经济开发区西南部，是一所专门培养篮球后备人才的篮球专业学校，属于事业单位。学校占地30000 ㎡，建筑面积17923 ㎡，校园内建有多功能综合训练大楼、运动员公寓、标准室内训练馆和比赛馆、室外塑胶灯光球场、运动医疗科研所以及多功能健身中心、服务中心等辅助设施。按层次分别设有辽宁三沟俱乐部队、青年队、U17、U15、U13共5个级别的运动队；按年龄分别设有启蒙组，儿童、甲乙组，少年、甲乙组，呈梯形训练结构，形成了基础大、训练梯队合理的青少年篮球训练体系。学校面向全国招生，到目前为止，有来自全国23个省、3个自治区、4个直辖市的学生在校训练学习。学校设有初中部、高中部、大专班。

东莞篮球学校是经广东省人民政府批准建立、教育部备案、国家体育总局批准的现代化中等职业篮球学校，旨在培养12~17岁的中国青少年篮球人才。东莞篮球学校成立于2011年6月，位于广东省东莞市东城街道牛山涡岭工业园，占地20000m^2。校内拥有8块场地的篮球训练馆、配有一流器械的力量房、理疗室、文化课教室、多媒体教室、图书馆以及9层公寓，旨在以高标准的硬件设施，为学员营造高质量、高水平的训练和学习环境。2011年11月18日，东莞篮球学校与美国职业篮球联赛（National Basketball Association，简称NBA）共同宣布，中国篮协东莞篮球学校——NBA训练中心正式启用。学校以一流的硬件设施，打造人才培养、输出、包装、推广、服务等一体化的篮球产业链。

焦作市业余篮球学校经焦作市政府批准，创建于1988年，位于河南省焦作市太行中路，是一所单项篮球业余学校，隶属于焦作市体育局，属于事业单位，是国家体育总局篮球管理中心、中国篮协确定和命名的全国青少年篮球训练重点单位，同时也是河南省体育总局确定并命名的省篮球训练基地。学校占地73326 ㎡，建筑面积33544 ㎡，校内拥有室内篮球场、室外塑胶灯光球场、身体训练房、科研测试室、多媒体教室。参赛队伍分为男子甲组、男子乙组、女子甲组、女子乙组、男乙三人制、女乙三人制。在各级领导的支持下，焦作业市余篮球学校全体人员端正思想，坚定不移地贯彻“选好苗子、着眼未来、打好基础、系统训练、积极提高”20字训练方针，始终遵循以发现、培养、输送高水平体育后备人才为目标；以重训练、育人才、抓重点、促质量为工作重点；立足基础抓训练，力争为奥运做贡献。

从表5可以看出，我国重点篮球学校中焦作市业余篮球学校的办校时间相对于阜新和东莞篮球学校比较久远，其次是阜新篮球学校，东莞篮球学校办校时间相对较短。除了东莞篮球学校外，阜新和焦作篮球学校都归各市体育局主管，并且这三所学校都是国家体育总局所命名的基地，在学校占地与建筑面积上焦作业余篮球学校也比阜新和东莞篮球学校要大得多。

表5　我国重点篮球学校基本概况

学校名称	上级主管部门	建校日期	占地面积	建筑面积	国家体育总局命名基地
阜新篮球学校	阜新市体育局	1999年11月	30000 ㎡	17923 ㎡	是
东莞篮球学校	东莞市教育局	2011年6月	20000 ㎡	15980 ㎡	是
焦作业余篮球学校	焦作市体育局	1988年6月	73326 ㎡	33544 ㎡	是

3.1.2 我国重点篮球学校场地设施现状

我国重点篮球学校的硬件设施关系着篮球学校教学工作的顺利开展。阜新篮球学校拥有6块室内标准篮球场地并配备了木质地板，室内篮球场的设施、通风采光照明条件等都很完善，篮球架、24秒计时器、比分屏等设备齐全。室外灯光篮球场3块，田径跑道400 m，身体训练器材齐全，能够满足日常训练需要。科研测试室面积120 ㎡，并有专职人员负责。有运动康复机构，也有专职人员负责。多媒体教室能容纳50人。

东莞篮球学校拥有8块室内标准篮球场地并配备了木质地板，室内篮球场的设施、通风采光照明等条件完善，篮球架、24秒计时器、比分屏等设备齐全。但没有室外篮球场，田径跑道100 m，身体训练器材齐全，能够满足日常训练需要。科研测试室50 ㎡，并有专职人员负责。有运动康复机构，也有专职人员负责。多媒体教室能容纳150人。

焦作业余篮球学校拥有6块室内篮球场地，但没有配备木质地板，场地设施虽有些破旧，但通风采光等条件很好，篮球架、24秒计时器、比分屏等设备齐全。室外灯光篮球场8块，田径跑道400 m，身体训练器材齐全，能够满足日常训练需要。科研测试室面积40 ㎡，并有专职人员负责。无运动康复机构。多媒体教室能容纳30人。

从实地考察中发现，阜新、东莞篮球学校篮球场设施相比焦作业余篮球学校要新一些。从表6“我国重点篮球学校场地设施现状”中可以看出，在篮球场地数量上，阜新、焦作业余篮球学校总体数量要多于东莞篮球学校；在田径跑道上，阜新、焦作业余篮球学校也比东莞篮球学校要长；在科研测试室方面，阜新篮球学校要优于东莞和焦作业余篮球学校；在运动康复机构方面，除了焦作业余篮球学校外，阜新和东莞篮球学校都有运动康复机构并配备有专职人员负责；在多媒体教室方面，东莞篮球学校要优于阜新和焦作业余篮球学校。综上所述，阜新、东莞篮球学校场地设施相对比焦作业余篮球学校要好一些，但总体水平差异不大，都能够较好地满足篮球学校教学和训练工作的正常运行。

表6　我国重点篮球学校场地设施现状

学校名称	室内篮球场	室外篮球场	田径跑道	科研测试室	多媒体教室	运动康复机构
阜新篮球学校	6块	3块	400 m	120 ㎡	50座位	有
东莞篮球学校	8块	0块	100 m	50 ㎡	150座位	有
焦作业余篮球学校	6块	8块	400 m	40 ㎡	30座位	无

3.1.3　我国重点篮球学校经费现状

从表7可以看出，阜新、焦作业余篮球学校经费靠财政拨款，东莞篮球学校除政府拨款外，还有一部分自筹经费。三所学校中，东莞篮球学校经费最多。由于阜新、焦作业余篮球学校学生学费是物价局定价，并不能达到学校所期许的标准，学校除了保证工作人员的基本工资之外，其他的场地设施维护等经费还需自己解决，因此存在着经费不足的情况。东莞篮球学校每年的经费大约为600万元，但由于东莞篮球学校聘请NBA委派的教练员、康复师、数据分析师等，使得东莞篮球学校每年的支出经费达到约700万元，每年基本都处于亏损的状态，这些亏损主要靠东莞新世纪篮球俱乐部来弥补。

表7　我国重点篮球学校经费现状

学校名称	省体育局	市体育局	高水平后备人才基地	俱乐部	自筹	合计
阜新篮球学校	是	是	是	是	否	120万元
东莞篮球学校	否	否	是	是	是	600万元
焦作业余篮球学校	是	是	是	是	否	150万元

有关教练员和教师的薪酬情况，东莞篮球学校教师与教练员的薪酬待遇比阜新、焦作业余篮球学校要好。阜新篮球学校上级主管部门是阜新市体育局，属于事业单位，由市体育局给阜新篮球学校工作人员发放工资，初中教练员为

2600~2700元/月，高中为3000元/月。学生的学费也是由当地物价局决定，初中生为7800元/学年，高中生为9800元/学年。学校内设有奖学金标准，学生如果测试达到标准可减免学费。此外，学生出去参赛，除了拿到前三名以外，其余都是自费。

东莞篮球学校并没有省市体育局的拨款，教师与教练员的工资主要来自高水平人才基地和自筹。学校教练员年薪为6~15万元，初高中学生学费统一为2.8万元/学年，校内奖学金分为三个等级，一等奖学金2万元，二等奖学金1.2万元，三等奖学金6000元。

焦作业余篮球学校上级主管部门是焦作市体育局，属于事业单位，由市体育局给焦作业余篮球学校工作人员发放工资，教练员工资为2300元/月，学生学费3600元/学年，加上训练费和住宿费是5800元/学年，伙食费20元/天。学校对于训练水平优秀的学生有减免学费、减免食宿费和每月的训练补贴的政策。

3.1.4 我国重点篮球学校教练员现状

阜新篮球学校在李明校长的带领下，形成了较为稳定的教练员队伍。李明校长身体力行，本人既是国家级教练，又同时兼任阜新市体育局副局长。多年来，李明校长通过带队和教学形成了一套属于自己的训练体系和方法。办学中，他提出了“想当球星，先做人”的口号，并在办学和教学中得以实施，因此经他训练的队员成才快、出才率高，获得篮球界的一致好评。阜新篮球学校教练员共16人，男性9人，女性7人；30岁以下4人，30~45岁10人，46岁及以上2人；具有专业队经历的教练员2人；在一个奥运周期内，在省级期刊以上刊物发表论文的教练员8人；该校有兼职的体能教练，对教练员有着严格的聘任、管理与考核制度。

东莞篮球学校在李林校长的带领下，走国际合作的道路。由NBA负责开发和制定篮球训练课程并选派具有丰富NBA执教经验的教练担任学校技术总监，负责制订科学的训练计划与比赛活动，旨在为有抱负的篮球运动员提供最佳发展计划。东莞篮球学校教练员共15人，有10名专职篮球教练员，5名力量与体能教练。此外，还有4名康复训练师，2名录像分析师，1名国家A级裁判员。教练员中，男性12人，女性3人；30岁以下11人，30~45岁2人，46岁及以上2人；具有专业队经历的教练员4人，该校有专职的体能教练，对教练员有着严格的聘任、管理与考核制度。

焦作业余篮球学校以申长庚校长为核心，形成了篮球学校篮球教练员团队，申长庚校长被视为焦作业余篮球学校的领军人物。他最初就在体训班当篮球教练，多年以来，他爱岗敬业、狠抓梯队建设、精心培养、积极输送队员，为焦作业余篮球学校打下了坚实的基础。焦作业余篮球学校教练员共16人，男性12人，女性4人；30岁以下6人，30~45岁7人，46岁及以上3人；具有专业队经历的教练员7人；在一个奥运周期内在省级期刊以上刊物发表论文的教练员6人。该校有兼职的体能教练，对教练员有着严格的聘任、管理与考核制度。

通过图2、图3及图4可以看出，我国三所重点篮球学校的教练员总人数基本相同，在教练员等级方面，阜新和东莞篮球学校都拥有1名国家级教练员，其余等级的教练员三所学校大体相同；在教练员学历结构方面，三所篮球学校教练员也是大体一致，主要是本科学历，另外研究生学历为2~3人；在教练员运动经历和运动技术等级方面，东莞篮球学校拥有1名国际级健将和1名国家级健将，有将近一半的教练员都具有一定的运动经历和运动技术等级，而阜新、焦作业余篮球学校教练员也都有一定的运动经历和运动技术等级。总体比较，东莞篮球学校年轻教练员相对多一些，焦作业余篮球学校具有专业队经历的教练员最多，阜新篮球学校发表论文的教练员最多，教练员综合水平东莞、阜新篮球学校要略优于焦作业余篮球学校。

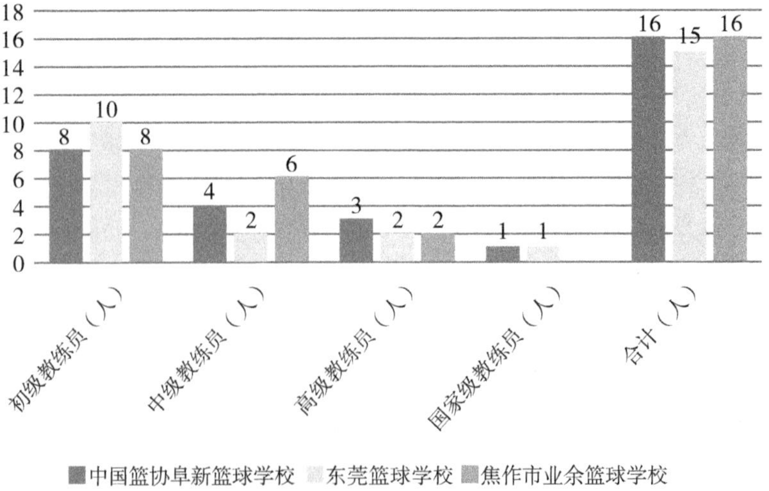

图2 我国重点篮球学校教练员等级现状

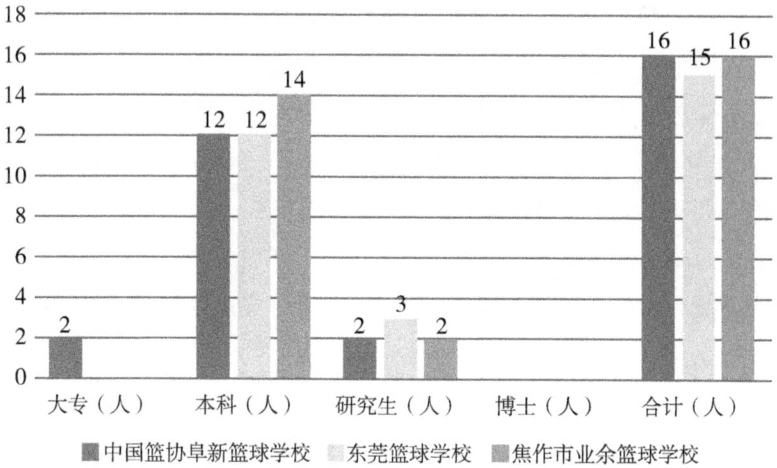

图3 我国重点篮球学校教练员学历结构现状

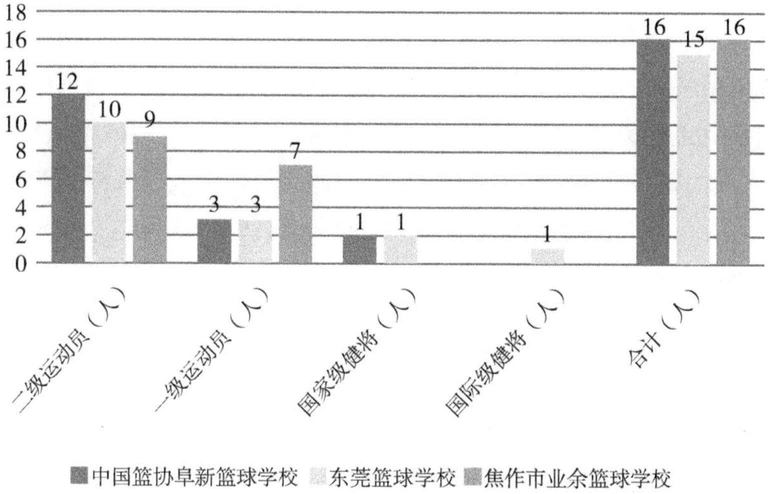

图4 我国重点篮球学校教练员运动水平现状

3.1.5 我国重点篮球学校文化课教师现状

阜新篮球学校有文化课教师10人，男性7人，女性3人；30~45岁5人，46岁及以上5人。分为6个班级上课，初中课程为九年义务教育课程，高中课程涵盖语文、数学、英语、政治、历史、地理、计算机。没有在一个奥运周期内在省级刊物以上发表文章的文化课教师。

东莞篮球学校有文化课教师12人，其中男性4人，女性8人；30岁以下5人，30~45岁4人，46岁及以上3人。分为7个班级上课，初高中课程为语文、数学、英语、政治、历史、地理、物理、化学、计算机。在一个奥运周期内，在省级刊物以上发表文章的文化课教师有2人。

焦作业余篮球学校由于各种原因并没有自己的文化课教师，学生在各自学校参加文化学习。

综上所述，从图5、图6可以看出，阜新篮球学校与东莞篮球学校教师年龄相比要大一些，教师职称也稍高一些，两所篮球学校教师学历主要是本科。文化课教师是文化知识的主要传递者，教师的教学年限（教龄）和教学水平会直接影响学生日常文化课的学习效果以及学习态度。毫无疑问，文化课教师水平的提高有助于教学质量的提升。所以，通过文化课教师情况的对比，从侧面反映了阜新篮球学校升学率略高的原因。焦作业余篮球学校由于场地设施、教师编制、经费缺乏等原因没有文化课教师，其学生学习文化课知识主要由学生在自己原有学校学习或寻找合适的学校进行学习，这也是焦作业余篮球学校近几年招生生源略有下降的原因之一。可见，我国重点篮球学校的文化课教学的稳定、规范和教师的教学水平直接影响重点篮球学校的发展。

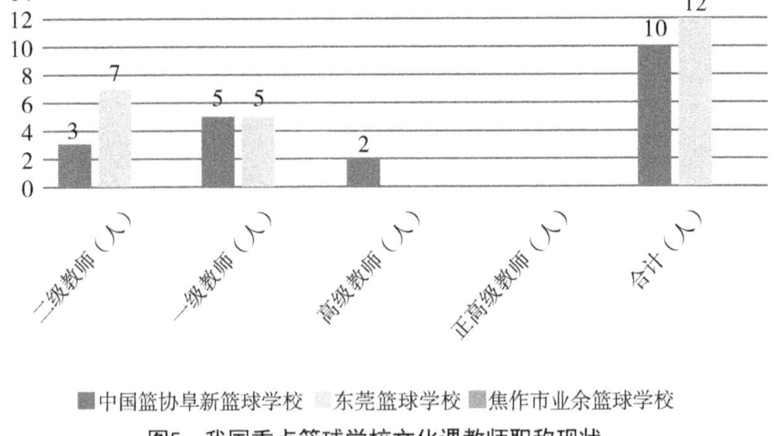

图5　我国重点篮球学校文化课教师职称现状

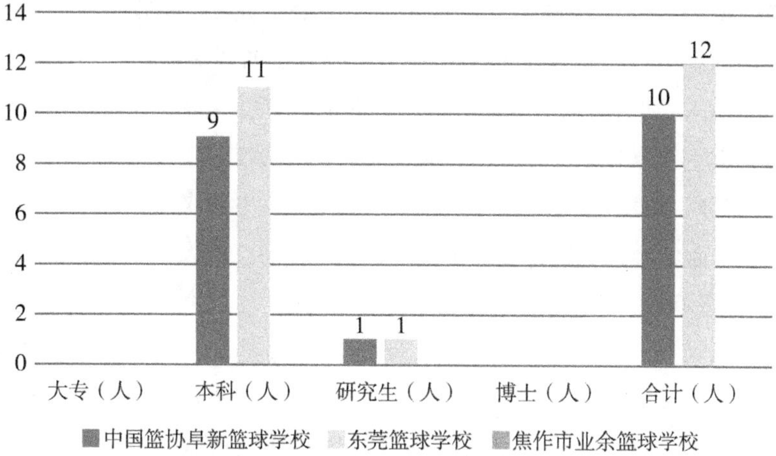

图6　我国重点篮球学校文化课教师学历结构现状

3.1.6　我国重点篮球学校学生现状

3.1.6.1　我国重点篮球学校学生基本情况

从图7可看出，阜新篮球学校共有254名在校生，其中男生194人，女生60人；13岁以下134人，14~15岁55人，16~17岁45人，17岁以上20人。阜新篮球学校面向全国各省市地区，招收13~17岁的孩子。学校采用独立自主的招生方式，学生大多数都是慕名而来，也有很多是通过他人推荐，而其招生时间不同于普通学校，一年中学生随时可以报名，但是必须要通过阜新篮球学校严格的招生选才标准测试才能入学。学生入学以后，每半年要进行一次跟踪测试，同时对骨龄预测，身高在2.05米以上的男生、1.85米以上的女生有相应的减免学费优惠政策。目前，阜新篮球学校在校生来自全国23个省、100多个地级市，但主要生源来自辽宁省。

东莞篮球学校共有190名在校生，其中男生190人，女生0人；13岁以下13人，14~15岁68人，16~17岁91人，17岁以上18人。东莞篮球学校也是面向全国各省市，招收12~17岁的孩子。学校采用独立自主的招生方式，通过各种宣传的手段来进行招生宣传。2011年，在哈尔滨、长春、西安和郑州举行的第一次全国大型青少年选秀活动，也是该校招生的方式之一，学生在升上初三或高三前都可以自己选择加入学业强化班或是篮球技能班，学生在入学之后每年进行两次跟踪测试来记录学生入学以来的训练水平，东莞篮球学校对于达到其标准的学生有三级的奖学金奖励制度。目前，东莞篮球学校的生源主要来自广东省。

焦作业余篮球学校共有280名在校生，其中男生190人，女生90人；13岁以下90人，14~15岁64人，16~17岁82人，17岁以上44人。焦作业余篮球学校面向全国各省市地区，招收10~17岁的学生。学生大部分都是慕名而来，同时焦作业余篮球学校每年都要进行3次优秀篮球苗子挑选，焦作业余篮球学校对于成绩优异的学生有免除学杂费、食宿费和发放生活补贴的优惠政策。焦作业余篮球学校具有完备的招生选才、测试内容和标准，学生在入学之后每月进行一次跟踪测试来记录学生入学以来的训练水平。目前，焦作业余篮球学校的在校生主要来自焦作市和省内其他6个地级市，也有少部分其他省市的学生。

综上所述，在校学生数量方面由多至少依次是焦作、阜新和东莞篮球学校，阜新、焦作这两所篮球学校男女生均招，而东莞篮球学校只招收男生。阜新篮球学校的学生一半以上都是在13岁及以下，而东莞篮球学校的学生大部分则是16~17岁的青少年，焦作业余篮球学校的每个年龄段的学生分布比较平均，年龄层次从13岁以下到17岁以上均有涉及，有合理的梯队建设。由于阜新和焦作业余篮球学校是体育局合作办学，学生的学费都是由物价局所定，学校对学生都有一定的补助和减免费用的政策，而东莞篮球学校的学生学费要远高于其他两所篮球学校，学生每学期都会进行三级奖学金的评定。三所篮球学校的生源情况基本一致，大部分都是本省本市学生，同时兼有少部分其他省市的学生。在招生方式上，阜新和焦作业余篮球学校大体一致，东莞篮球学校则运用青少年选秀活动和篮球夏令营等方式进行招生。在学生学制上，阜新和东莞篮球学校分为三年初中、三年高中，而焦作业余篮球学校则是四年学制。

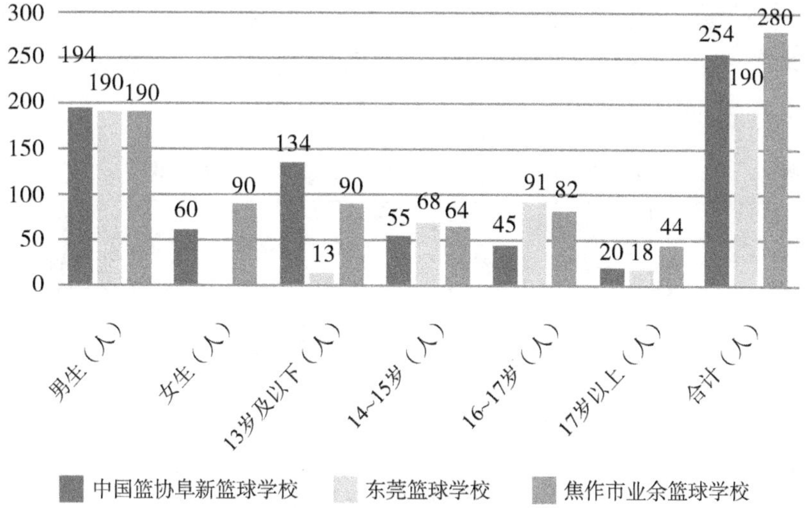

图7 我国重点篮球学校学生性别及年龄现状

3.1.6.2 我国重点篮球学校学生篮球训练现状

从表8可以看出，阜新篮球学校现有男子篮球队9支，女子篮球队3支，共计12支篮球队。其所采用的训练大纲是中国青少年篮球教学训练大纲，教练员的训练计划有年度训练计划、阶段训练计划、周训练计划、每日教案和训练总结，学校按青少年训练大纲对各年级进行全面考核，学生优秀率达到30%，合格率达到70%，教练员与学生人数比约为1：16，每周训练课时数为16h，每次篮球课技术与身体素质训练时间之比为3：2。

东莞篮球学校现有男子篮球队12支，无女子篮球队。其所采用的训练大纲是自己专用的NBA训练中心青少年训练大纲，由于东莞篮球学校的训练大纲不同于阜新和焦作业余篮球学校，其对各年级学生考核的优秀率及达标率未能统计出来，教练员与学生人数比约为1：13，每周训练课时数为12h，每次篮球课技术与身体素质训练时间之比为2：1。

焦作业余篮球学校现有男子篮球队8支，女子篮球队4支，共计12支篮球队。其所采用的训练大纲是中国青少年篮球教学训练大纲，教练员有多年训练计划、年度训练计划、阶段训练计划、周训练计划、每日教案和训练总结，学校按青少年训练大纲对各年级进行全面考核，学生优秀率达到21.5%，合格率达到80%，教练员与学生人数比约为1∶18，每周训练课时数为18h，每次篮球课技术与身体素质训练时间之比为4∶1。

表8　我国重点篮球学校篮球队数量及训练现状

学校名称	中国篮协 阜新篮球学校	东莞篮球学校	焦作市 业余篮球学校
男子篮球队	9支	12支	8支
女子篮球队	3支	0支	4支
合计	12支	12支	12支
训练大纲	青少年篮球 教学训练大纲	NBA训练中心 青少年训练大纲	青少年篮球 教学训练大纲
教练员与学生比	1∶16	1∶13	1∶18
每周训练课时数	16h	12h	18h
篮球技术与 身体素质训练时间比	3∶2	2∶1	4∶1

综上所述，三所篮球学校的篮球队数目一致，但东莞篮球学校只有男队，并没有女子篮球队，总体来说，三所篮球学校的篮球队梯队设置合理。焦作业余篮球学校训练计划较全，从多年训练计划到课时教学计划均有。东莞篮球学校的训练计划是其不同于阜新和焦作业余篮球学校训练的关键所在，同时东莞篮球学校在监测学生日常训练方面有其独特的方面，每个队员都有属于自己的一本东莞篮球学校球员日志，里面有东莞篮球学校的办校宗旨、在校行为价值观、每次训练课后自我总结、球员自我追踪表格等，教练员通过这本球员日志可以很清楚地监控每个球员的训练状态并做出科学化的调整。三所篮球学校的教练员人数与篮球队人数比例都1∶20，其中东莞篮球学校在1∶15以下，可见在教练员配备上，东莞篮球学校要比阜新和焦作业余篮球学校更为充足。在训练安排方面，阜新、东莞篮球学校学生上午学习文化课，下午4点开始篮球训练，焦作业余篮球学校训练主要集中在周六日，学生周一至周五在校外学习文化课，下午放学后回篮球

学校训练，在每周训练课时数方面，焦作业余篮球学校要高于阜新和东莞篮球学校。从表中可看出，阜新篮球学校对每节训练课篮球技术和身体素质训练安排比重基本相同，焦作业余篮球学校每节训练课篮球技术的比重最高，其次为东莞篮球学校。三所篮球学校都有着详细的篮球场馆管理制度、教练员日常行为管理处罚标准、学生进退队、考勤等各项制度，对学生的篮球训练保障有着强有力的制度支持。

3.1.6.3 我国重点篮球学校学生文化课学习现状

学生的文化课学习是我国重点篮球学校区别于高水平人才基地和其他业余篮球学校的关键之处，旨在培养出 “能文能武”的优秀篮球后备人才。由表9可见，阜新篮球学校分为初中部和高中部共6个班级上课，初中部的学生在阜新十六中学习，由十六中的教师授课，课程为九年义务教育所规定课程，高中部则在本校由本校教师负责授课，课程有数学、英语、语文、物理、化学、生物、政治、计算机等。学生平均每周文化课节数为25节，学生每学期考核优秀率约为25%，合格率为70%。

表9 我国重点篮球学校文化课学习现状

学校名称	文化课班级数	每周文化课节数	考核优秀率	考核合格率
阜新篮球学校	6个	25节	25%	70%
东莞篮球学校	7个	28节	30%	65%
焦作业余篮球学校	无	无	无	无

东莞篮球学校也分为初中部和高中部共7个班级上课，所有学生均在本校由本校文化课教师授课，初高中课程为地理、历史、生物、政治、物理、化学、英语、数学、语文和计算机等。学生平均每周文化课节数为28节，学生每学期考核优秀率约为30%，合格率为65%。

焦作业余篮球学校由于没有自己的教学楼和文化课教师，所以文化课学习全在校外的各个初高中。一般由家长或者教练员负责联系文化课学习学校，学生每学期都会将自己的成绩单交给焦作业余篮球学校存档记录。

综上所述，阜新和东莞篮球学校在文化课学习方面大体一致，东莞篮球学校在课程配置和教师分配上更为多面和充裕。两所篮球学校都能较好地保证学生在初高中阶段应学到的文化知识，与普通初高中几乎没有差别，但在学生学习文化课的态度和动机上不如普通学校积极和认真：学生的自主学习积极性不高，学习氛围也相对较差，学训矛盾依然存在。但三所篮球学校的学生都表示平时的训练对文化课学习虽有影响但不大，影响程度也因个体差异而有所不同。

3.1.7　我国重点篮球学校参赛和人才输送现状

3.1.7.1　我国重点篮球学校参赛现状

运动训练的最终目的就是要在比赛中将训练获得的竞技状态表现出来，取得优异成绩。比赛是训练的镜子，是检验教练员执教水平的最好手段。运动员通过参加比赛既可以检验训练成效，又能够提高自己的运动水平，增加比赛经验，提高心理素质；同时，教练员还可以通过比赛观察发现运动员的不足。

表10为阜新篮球学校近几年参加的主要全国赛事和成绩情况。阜新篮球学校参赛的主要原因有：①代表辽宁省、阜新市参加各种篮球比赛，完成体育局下派的任务；②为了学生拿到等级证书；③为了检验学生训练成果，提高篮球学校自身的影响力和知名度。阜新篮球学校自建校以来获得了很多荣誉和优异的比赛成绩，包括全国及辽宁省内的各种大型赛事。2005年之前，阜新篮球学校男、女队代表省、市参加全国比赛荣获冠军12次、亚军16次、季军3次；2006年荣获全国U17男子组冠军；2008年荣获全国U17男子组冠军、辽宁省男子篮球乙组冠军。

表10　阜新篮球学校参赛情况

比赛名称	比赛地点	比赛时间	比赛成绩
2012年全国篮球高水平后备人才基地男子U15比赛	山东烟台	5.10—5.21	第一名
2012年全国篮球高水平后备人才基地男子U13比赛	辽宁阜新	7.15—7.20	第一名
2012年全国篮球高水平后备人才基地女子U15比赛	湖北十堰	9.15—9.23	第一名
2013年辽宁省第十二届运动会男子篮球比赛（甲）	辽宁丹东	8.23—8.29	第一名

续表

比赛名称	比赛地点	比赛时间	比赛成绩
2013年辽宁省第十二届运动会男子篮球比赛（乙）	辽宁丹东	8.23—8.29	第一名
2013年辽宁省第十二届运动会女子篮球比赛（甲）	辽宁丹东	8.1—8.8	第三名
2013年辽宁省第十二届运动会女子篮球比赛（乙）	辽宁丹东	8.1—8.8	第三名
2014年全国篮球高水平后备人才基地男子U17比赛	江苏常州	3.1—3.10	第八名
2014年全国篮球高水平后备人才基地女子U17比赛	山东淄博	3.10—3.17	第六名
2014年全国U15男子篮球比赛	吉林延边	4.9—4.16	第十二名
2014年全国篮球高水平后备人才基地女子U15比赛	山东青岛	5.13—5.22	第六名
2014年全国篮球高水平后备人才基地男子U17比赛	河北秦皇岛	9.10—9.16	第一名

表11为东莞篮球学校近几年参加的主要全国赛事和成绩。该校参赛主要原因与阜新篮球学校基本一致，但东莞篮球学校没有教育部门下派的任务，主要以学生获取运动员等级证书、检验训练水平和提高自身知名度为主。

表11　东莞篮球学校参赛情况

比赛名称	比赛地点	比赛时间	比赛成绩
2013年全国篮球高水平后备人才基地男子U13比赛	河北石家庄	7.8—7.11	第六名
2013年全国篮球高水平后备人才基地男子U15比赛	广东东莞	9.6—9.13	第一名
2014年全国篮球高水平后备人才基地男子U13比赛	广东珠海	7.7—7.14	第一名
2014年全国篮球高水平后备人才基地男子U15比赛	吉林延吉	10.17—10.23	第一名
2015年全国U17男子篮球比赛	广东东莞	3.16—3.24	第一名
2015年全国U17男子篮球比赛	广东东莞	3.16—3.24	第二名（代表深圳队）
2015年全国U15男子篮球比赛	江苏连云港	6.5—6.11	第七名
2015年全国篮球高水平后备人才基地男子U15比赛	四川阆中	5.6—5.12	第二名（南区）
2015年全国篮球高水平后备人才基地男子U13比赛	广东东莞	7.6—7.16	第一名（南区）
2015年全国篮球高水平后备人才基地男子U13比赛	广东东莞	8.10—8.16	第一名（全国）
2015年全国篮球高水平后备人才基地男子U15比赛	山东青岛	9.5—9.12	第一名（全国）

表12为焦作业余篮球学校近几年参加的主要全国赛事和成绩。焦作业余篮球学校是三所篮球学校中建校时间最长的一所，自建校以来，同样取得了许多优异的比赛成绩。焦作业余篮球学校每年都保质保量地完成省、市体育局下达的各项比赛任务，同时通过不断地参赛提升学生的训练水平。

表12　焦作业余篮球学校参赛情况

比赛名称	比赛地点	比赛时间	比赛成绩
2013年全国篮球高水平后备人才基地男子U15比赛	江苏连云港	5.8—5.15	第二名
2013年全国篮球高水平后备人才基地女子U15比赛	湖北宜昌	5.18—5.25	第三名
2013年全国篮球高水平后备人才基地女子U13比赛	河南灵宝	7.8—7.13	第三名
2013年全国篮球高水平后备人才基地男子U13比赛	湖北宜昌	7.10—7.15	第二名
2014年全国篮球高水平后备人才基地女子U15比赛	河南漯河	5.15—5.22	第二名
2014年全国U15男篮集训赛	河北秦皇岛	8.5—8.11	第一名
2015年全国U17女子篮球赛	安徽凤阳	3.26—4.2	第九名
2015年全国U15男子篮球赛	江苏连云港	6.5—6.11	第三名
2015年全国U15女子篮球赛	陕西渭南	6.18—6.24	第四名
2015年全国篮球高水平后备人才基地男子U13比赛	广东东莞	8.10—8.16	第二名
2015年全国篮球高水平后备人才基地女子U13比赛	山东淄博	8.10—8.16	第一名
2015年全国篮球高水平后备人才基地女子U15比赛	山东青岛	9.5—9.12	第一名

3.1.7.2　我国重点篮球学校的人才输送现状

从图8可以看出，阜新篮球学校自建校以来，输送出大批的篮球高水平人才。近十年来，一批批国手和专业、职业队员从这里走出，如在第十五届亚洲男子篮球锦标赛上表现出色的周琦、北京金隅队的陈磊、国家女子篮球队的陈晓莉、张钰等均出自阜新篮球学校。同时，还有大批优秀毕业生进入国家重点高校学习深造。阜新篮球学校从2011—2015年间毕业了100名学生，将近一半的学生都进入了各类综合性高等院校和体育院校，还有一部分进入了职业俱乐部、行业体协和省运动队，有9人进入了国家少年队、3人进入了国家青年队。

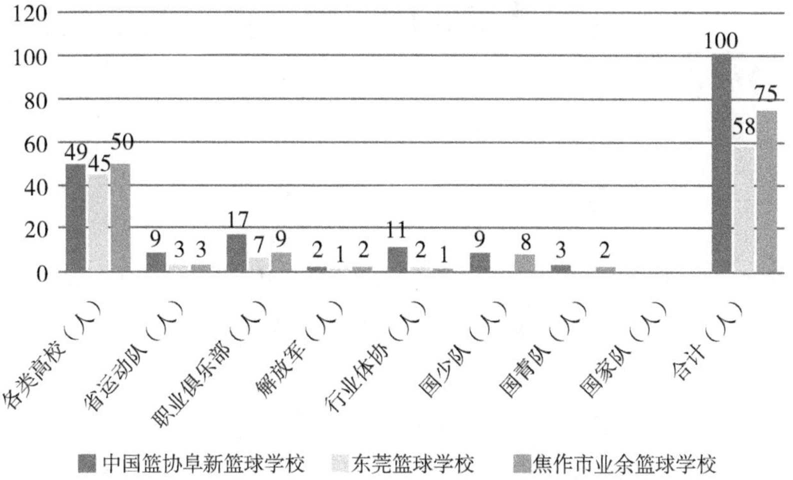

图8 我国重点篮球学校的人才输送现状

东莞篮球学校成立于2011年，从2012—2015年共毕业了58名学生，将近80%的学生都输送到全国各高等院校，如2014—2015年输送到中国海洋大学、北京矿业大学、浙江大学各1人，华南理工大学3人，广州体育学院12人等，还有一部分被职业俱乐部选中。由于东莞篮球学校是新世纪篮球俱乐部出资办校的，该校优秀的篮球苗子首先被俱乐部吸收，同时也向其他省运动队、解放军和行业体协输送队员。

焦作业余篮球学校自建校以来，先后向女篮输送了潘丽；向男篮输送了新疆队的李根，八一男篮的王磊、罗凯文，青岛双星的薛玉洋、李光等优秀运动员。2011—2015年共毕业了75名学生，除输送到职业俱乐部、省运动队及国少、国青队外，有将近70%的学生输送到了全国各高等院校。

综上所述，我国重点篮球学校人才培养主要输出有以下四个方向：第一，向各大综合高校及体育院校输送优秀毕业生；第二，向国家高水平运动队及各职业篮球俱乐部输送优秀的专业人才；第三，向解放军和行业体协输送优秀毕业生；第四，向各大企、事业单位输送篮球骨干人员。

3.2 构建我国重点篮球学校评价指标体系的指导思想与基本原则

3.2.1 指导思想

我国重点篮球学校评价指标体系构建的指导思想为，全面贯彻党的教育路线方针，依据国家竞技体育发展战略，凸显重点篮球学校的建设特征，以为国家培养有文化的高水平篮球运动后备人才为根本任务，为社会培养篮球运动骨干，推动篮球运动的普及与发展。以重点篮球学校人才培养目标与培养效果的实现为评价重点，当前与长远相结合，以评促建，以评促改，推动我国重点篮球学校提高教学质量，走内涵式发展、人才培养多样化道路，促进我国重点篮球学校可持续发展。在构建重点篮球学校评价指标体系的阶段中应注意以下几点。

第一，构建重点篮球学校评价指标体系旨在推进重点篮球学校人才培养多样化，强调尊重学校办学自主权，体现学校在人才培养质量中的主体地位。评价的核心是质量，目的是保障质量，即要促进我国重点篮球学校坚持内涵式发展，引导学校建立自律机制，加强质量保障体系的建设，强化自我改进，不断提升办学水平和培养人才的质量，最大限度地利用好评价的诊断性与引导性功能。

第二，构建重点篮球学校评价指标体系目的是促进篮球学校全面贯彻党的教育方针，推进教学改革，提高人才培养质量，增强篮球学校主动服务我国篮球后备人才发展需要和人的全面发展需求的能力。

第三，要凸显出重点篮球学校建设的特征。我国重点篮球学校的评价指标体系，既要考虑到我国千百万所学校建设的共性，也要充分对“篮球”与学校这一结合体深思熟虑，在构建重点篮球学校评价指标体系时，将这两者完美地结合在一起，不要顾此失彼。

第四，构建的重点篮球学校评价指标体系应较为客观地反映出当前我国篮球学校的发展趋势。随着篮球运动在我国普及程度逐渐提升，越来越多的篮球学校在全国各地建立，办校的宗旨与性质也各有不同。评价作为一种具有引导性功能的方式之一，应反映出这些变化，并做出引导，因此对评价指标的构建具有较高的要求。

第五，构建重点篮球学校评价指标体系是为了推动传统的、个人方式决策向集团的、协同配合决策的发展；战略决策发展为未来决策，随着科学技术和生产力的发展，评价对被评价对象的影响越来越深远，正确的评价能产生巨大的效益，错误的评价则会产生巨大的损失，有些损失甚至在很长一段时间都不能够弥补，因此构建重点篮球学校评价指标体系不仅要着眼于当前，而且要考虑更长远的未来。

3.2.2 基本原则

3.2.2.1 主体性原则

主体性原则是指构建的我国重点篮球学校的评价指标体系应强调篮球学校是高水平后备人才培养质量的责任主体，旨在促进篮球学校增强质量主体意识、建立健全质量保障体系、提升质量保障能力。我国重点篮球学校质量保障体系的完善程度与运行状况，反映了篮球学校对教学质量的保障，我国重点篮球学校要充分发挥主体作用，持续推进质量保障体系的建设。

3.2.2.2 目标性原则

目标性原则是指构建的重点篮球学校评价指标体系与我国重点篮球学校的评价目的应保持一致。我国重点篮球学校评价的目的是加强对重点篮球学校的监控和指导，强调目标导向性，主要考察篮球学校人才培养目标的达成情况以及培养过程中的各个环节如何运行、改进和实施，以支持人才培养目标的实现。因此，篮球学校的评价指标应该客观反映篮球学校建设的实际情况，为篮球学校的建设工作指出前进的道路，目标性原则要求评价关注篮球学校自身目标的确立、保障与达成情况。

3.2.2.3 系统性原则

系统性原则是指我国重点篮球学校评价指标体系是由若干相互联系、相互作用的要素构成的整体，要发挥整体优势，就应从整体出发，全面观察和分析。局部是整体的构成要素，局部要服从整体，任何的决策都不应违背战略决策的总目标，也就是构建的评价指标之间要相互联系、相互制约。包含指标横向之间的制约关系与纵向之间的包含关系，同时同一层次之间的指标划分要明确，避免含糊不清的联系。因此，充分考虑到系统性原则构建的评价指标体系能够全面客观地对我国重点篮球学校进行评价。

3.2.2.4 科学性原则

科学性原则是指构建我国重点篮球学校评价指标体系要选取我国重点篮球学校最具特点和代表性的影响因子，并将其最简与最优化。从若干种方案中选出最优的方案，如果仅有一种方案，就没有择优可言，也就没有遵循科学性原则，所以从多种可选择的方案中选取可行的、令人满意的方案，而令人满意的方案是从众多方案中通过比较得到的。同时指标的概念要保持相同，对指标的含义、定性与定量标准、权重计算方法、时间与空间范畴等都要保持一致，避免一个指标出现不同的解释。

3.2.2.5 实证性原则

实证性原则是指构建我国重点篮球学校评价指标体系要强调依据事实来进行，以目标为向导，以问题做引导，以数据为依据，以事实来证明，实证性原则贯穿于整个评价指标体系的构建过程。在专家对评价指标体系做出评判时，也要根据我国篮球学校的事实和数据作为支撑，增强评价指标体系的说服力。

3.2.2.6 可行性原则

可行性原则是指构建我国重点篮球学校评价指标体系时所选择的方案、所确定的行动，不能超越主客观所具备的条件。评价指标可以用相应的语句阐述其包含的内容，通过相应的测量工具来得到相应的数据并且得出清晰的结论，采用定量指标测量为主、定性指标测量为辅的原则进行测量。所以，从实际出发，在对各种可能方案进行定性、定量分析和可行性的科学论证与评价基础上优选的方案，才能构建出最佳的评价指标体系。如果对主客观条件估计不足，不对可行性加以分析和论证，做出的指标体系再好也是闭门造车。

3.3 我国重点篮球学校评价指标体系的确立

3.3.1 影响重点篮球学校评价指标构建的因素

通过综合我国国家高水平体育后备人才基地认定办法、全国高水平后备人才基地认定条件、直属体育院校附属竞技体校办学水平评价和评价的政策、文件、相关的文献研究，以及在实地考察调研的基础之上，依据评价指标体系的指导思想和基本原则，将有关于重点篮球学校评价指标体系构建的相关因素全部陈列出来，并对其进行归类。（表13）

表13 我国重点篮球学校评价指标体系的影响因素

一级影响因素	二级影响因素	三级影响因素
组织与领导	校领导重视	校领导专门负责
		定期召开专题会议
	组织机构	相关机构设置
		人员配备与分工
	发展规划	长期发展规划
		短期工作计划
学校管理	招生管理	招生政策
		招生规章制度
	教学管理	教学大纲制定与执行
		课程安排
		考试考核

续表

一级影响因素	二级影响因素	三级影响因素
学校管理	训练竞赛管理	训练计划和比赛总结
		训练时数
		训练比赛规章制度与奖惩条例
		训练激励机制
	日常管理	日常管理制度的制定与执行
		专职辅导员、值班老师
师资队伍建设	编制与结构	教师编制
		教师年龄、学历和职称结构
		教练员编制
		教练员年龄、学历和职称结构
	建设与管理	人才引进政策
		教师管理
师资队伍建设	建设与管理	教练员管理
		教练员职称晋升和奖励办法
	教练员素质	思想道德品质
		科研能力
		执教能力
	培训与提高	培训规划与方案
		培训经费
		学术交流

续表

一级影响因素	二级影响因素	三级影响因素
条件保障	场地器材设施	教学设施
		训练设施
		生活设施
	后勤工作	食宿供应
		医务监督
	经费投入	经费预算
		人均经费
办学绩效	运动水平	健将级运动员
		一级运动员
	比赛成绩	全国比赛成绩与次数
		省级比赛成绩与次数
		市级比赛成绩与次数
	人才输送	升学率
		输送率

3.3.2 咨询专家权威性分析

本研究采用的是德尔菲专家咨询法。在评价指标体系构建的过程中，通过两轮的专家咨询与交流，使咨询专家的意见逐步趋于一致，达成相对意义上的共识。正如前面研究方法中所述，德尔菲法是专家会议预测法的一种发展，其核心是通过匿名方式征求几轮专家的意见，对每一轮的意见都进行汇总整理，作为参考资料再寄发给每位专家，供专家进行分析判断，提出新的意见。经过多次反复论证，意见逐步趋于一致，得到一个比较一致而且可靠性比较高的结论或方案。

在实际运用过程中，专家的选择是德尔菲法预测成败的关键，所以应综合考虑专家选择的条件。

3.3.2.1　专家选择与人数的确定

本研究咨询的专家包括我国重点篮球学校的管理人员、教练员以及中国篮协相关的领导和部分高校的篮球专家，职称全部是正高级和副高级，选定的专家具有充分的权威性。

结合德尔菲法的应用原则和本研究的实际需要，在评价指标体系的构建和确定过程中进行了两轮专家咨询，第一轮咨询了专家18人，第二轮咨询时考虑到专家的积极性，在第一轮咨询专家里选取了15人。由于第二轮咨询时已经与专家进行了沟通，调查问卷全部收回。第一轮发放并回收问卷18份，填写问卷的专家职称分布为：正高8人，副高10人（表14）。

表14　咨询专家工作性质及职称分布

工作性质	人数	职称分布	
		正高	副高
管理人员	6	2	4
教练员	3	1	2
篮球专家	9	5	4
合计	18	8	10

3.3.2.2　专家权威性分析

专家权威性分析主要考虑到两个方面，分别是指标的判断依据和熟悉程度。指标判断依据为理论分析、工作经验、参考国内外文献资料和直觉判断4个方面。用*Ca*来表示判断依据系数，*Cs*表示熟悉程度系数。

3.3.2.2.1　判断依据*Ca*

判断依据量化表见表15。

表15 判断依据量化表

判断依据	影响程度		
	大	中	小
理论分析	0.3	0.2	0.1
工作经验	0.45	0.35	0.3
参考国内外文献	0.2	0.15	0.1
直觉判断	0.05	0.05	0.05
合计	1.0	0.75	0.55

当Ca=1时，对专家影响程度最大；当Ca=0.75时，对专家影响程度居中；当Ca=0.55时，影响程度最小。专家判断依据自评结果分布如表16所示。

表16 专家判断依据自评结果统计表

分值Ca	1.0	0.95	0.90	0.85	0.80	0.75
人数	3	6	4	2	2	1

3.3.2.2.2 熟悉程度Cs

本研究熟悉程度分成“很熟悉”“熟悉”“了解”“不清楚”4个选项，由专家自我进行判断，其权值见表17。18位专家熟悉程度自评结果见表18。

表17 专家熟悉程度权值

熟悉程度	很熟悉	熟悉	了解	不清楚
熟悉程度权值	1	0.8	0.6	0.4

表18 专家熟悉程度自评结果统计表

分值Cs	很熟悉	熟悉	了解	不清楚
人数	8	9	1	0

3.3.2.2.3 专家权威程度*Cr*

专家权威程度*Cr*等于专家判断依据系数*Ca*与熟悉程度系数*Cs*之和的算术平均值，其计算公式为：

$$Cr=(Ca+Cs)/2$$

18位专家权威程度系数结果如表19所示。专家权威程度的平均值在0.85以上，说明了专家的权威程度较高，因此本研究所咨询的专家的意见是可信的。

表19 专家权威程度结果

判断依据系数*Ca*	熟悉程度系数*Cs*	权威程度系数*Cr*
0.908	0.878	0.893

3.3.3 我国重点篮球学校评价指标体系预案的构建（第一轮）

3.3.3.1 咨询的内容

在综合有关我国重点篮球学校的相关政策和文献的基础之上，列举出影响我国重点篮球学校评价的各种要素，进行归类后向专家咨询对一、二、三级评价指标筛选和修改的意见（附件A）。

3.3.3.2 咨询的结果

本轮咨询共发放调查问卷18份，回收18份，回收率100%，回收的18份问卷全部有效。

3.3.3.2.1 一级指标咨询结果

统计回收的问卷结果，计算出专家对指标设置的认可程度。在本研究中，使用认可率来计算认可程度，认可率是指认为“很重要”“重要”“一般”所构成的比例的总和。从表20可以看出，专家对5个一级指标中的组织与领导、学校管理、师资队伍建设、条件保障的认可率均达到了100%，办学绩效的认可率为

94.4%。由此可见，专家们对5个一级指标是比较认可的，这5个一级指标基本上较为全面地涵盖了重点篮球学校评价的影响因素，为了保证评价的可操作性不再增添指标。

表20 一级指标重要性调查统计表

一级指标	人数					百分比（%）				
	很重要	重要	一般	不重要	很不重要	很重要	重要	一般	不重要	很不重要
A1组织与领导	14	4	0	0	0	77.8	22.2	0.0	0.0	0.0
A2学校管理	17	1	0	0	0	94.4	5.6	0.0	0.0	0.0
A3师资队伍建设	18	0	0	0	0	100	0.0	0.0	0.0	0.0
A4条件保障	13	5	0	0	0	72.2	27.8	0.0	0.0	0.0
A5办学绩效	9	6	2	1	0	50.0	33.3	11.1	5.6	0.0

3.3.3.2.2 二级指标咨询结果

二级指标咨询结果如表21所示。在起草的17项二级指标当中，认可率达到100%的有16项，认可率为94.4%的只有1项。

表21 二级指标重要性调查统计表

一级指标	二级指标	人数					认可率（%）
		很重要	重要	一般	不重要	很不重要	
A1组织与领导	B01校领导重视	16	2	0	0	0	100
	B02组织机构	6	8	4	0	0	100
	B03发展规划	8	8	2	0	0	100
A2学校管理	B04招生管理	14	2	2	0	0	100
	B05教学管理	3	12	3	0	0	100
	B06训练竞赛管理	17	1	0	0	0	100
	B07日常管理	2	10	5	1	0	94.4

续表

一级指标	二级指标	人数					认可率（%）
		很重要	重要	一般	不重要	很不重要	
A3师资队伍建设	B08编制与结构	1	12	5	0	0	100
	B09建设与管理	8	9	1	0	0	100
	B10教练员素质	16	2	0	0	0	100
	B11培训与提高	14	3	1	0	0	100
A4条件保障	B12场地器材设施	13	4	1	0	0	100
	B13后勤工作	1	16	1	0	0	100
	B14经费投入	15	3	0	0	0	100
A5办学绩效	B15运动水平	10	8	0	0	0	100
	B16运动成绩	7	11	0	0	0	100
	B17人才输送	9	9	0	0	0	100

对专家们提出的宝贵意见整理如下：

二级指标“发展规划”应更名为“发展规划与章程”。专家指出，发展规划太过于笼统，应将其表现在学校的发展章程和制度之中，有利于评价指标的操作与测量。

二级指标“教练员素质”应更名为“教练员素质与素养”。专家指出教练员素质并不能全面地概括教练员的情况，应增添素养，所谓素养就是由训练和实践而获得的技巧或能力。

二级指标“经费投入”应更名为“经费情况”。专家指出，经费投入应作为一个三级指标来进行评价，经费情况能更全面地包含篮球学校的经费三级评价指标。

3.3.3.2.3 三级指标咨询结果

三级指标咨询结果如表22所示。调查结果显示，在拟构建的45项三级指标中，认可率在90%以上的有38项，认可率在60%~90%之间的有6项，认可率低于

60%的有1项。

对专家们提出的宝贵意见整理如下：

（1）“C02定期召开专题会议”表述不够清晰，应添加校领导定期组织工作自评，召开学校各项专题会议，因此修改为“定期召开自评与各项专题会议”。

（2）“C03相关机构设置”应改名为“相关机构设置与划分”。

（3）“C04人员配备与分工”应改名为“人员配备分工与协调沟通”。

（4）“C07招生政策”与“C08招生规章制度”内容有所重合，合并为一项，同时增加“招生方式方法”。

（5）“C09教学大纲制定与执行”，由于篮球学校的文化课程包含了初高中，与学校采用的文化课教学大纲一致，因此不需制定，但每所篮球学校开设的文化课程有所不同，应改名为“文化课程设置”。

（6）“C10课程安排”应改名为“课程计划与执行”。

（7）“C11考试考核”应改名为“课程考核”。

（8）“C12训练计划和比赛总结”所述有一定的问题，应改名为“训练、比赛的计划和总结”。

（9）“C13训练时数”不应作为一个单独的三级指标，将其删除后改为“训练情况”，训练情况包括训练时数、队员的梯队建设、教练员与在训学生的比例等细则。

（10）“C14训练比赛规章制度与奖惩条例”与“C15训练激励机制”重复，删除“C15训练激励机制”，并增添“训练考核”。

（11）“B07日常管理”应增添三级指标“学生学籍、档案等与人才库管理”。

（12）“C25教练员职称晋升和奖励办法”，专家指出，在目前我国重点篮球学校中教练员的职称晋升并不是由篮球学校来评定，同时对于篮球学校的评价意义不大，因此建议删除C25。

（13）“C26思想道德品质”应改名为“思想道德品质与职业精神”。

（14）“C28执教能力”只是教练员的一项能力，并不能起到涵盖作用，应改名为“业务能力”。

（15）“C29培训规划与方案”，专家指出，此项指标有歧义的地方在于，篮球学校自身没有足够的培训力量，都是通过外部的专家给篮球学校的教练员进行培训，因此应改名为“参加培训情况”，包含参加培训的次数与人数等。

（16）“C30培训经费”应改名为“培训经费的支持情况”。

（17）“C34生活设施”与“C35食宿供应”有一定的重复，建议删除C34。

（18）“C37经费预算”应改名为“经费来源”。

（19）“C38人均经费”应改名为“经费数目”。

（20）“B15运动水平”下增添三级指标“二级运动员”。

（21）“C43市级比赛成绩与次数”认可率仅为33.3%，专家指出，每所重点篮球学校在当地的篮球水平都是一流的，参加市级比赛的成绩对评价篮球学校意义不大，因此建议删除。

（22）“C44升学率”和“C45输送率”太过笼统，专家建议改为“综合高校及体育院校”“省市运动队、俱乐部、解放军与行业体协”和“国家队、国家青年队和国家少年队”。

表22 三级指标重要性调查统计表

二级指标	三级指标	人数					认可率（%）
		很重要	重要	一般	不重要	很不重要	
B01校领导重视	C01校领导专门负责	9	6	3	0	0	100
	C02定期召开专题会议	3	5	5	5	0	72.2
B02组织机构	C03相关机构设置	6	8	4	0	0	100
	C04人员配备与分工	4	10	4	0	0	100
B03发展规划	C05长期发展规划	5	8	5	0	0	100
	C06短期工作计划	8	8	2	0	0	100
B04招生管理	C07招生政策	7	10	1	0	0	100
	C08招生规章制度	4	4	7	3	0	83.3

续表

二级指标	三级指标	人数					认可率（%）
		很重要	重要	一般	不重要	很不重要	
B05教学管理	C09教学大纲制定与执行	10	7	1	0	0	100
	C10课程安排	9	8	1	0	0	100
	C11考试考核	6	8	4	0	0	100
B06训练竞赛管理	C12训练计划和比赛总结	8	10	0	0	0	100
	C13训练时数	11	7	0	0	0	100
	C14训练比赛规章制度与奖惩条例	10	8	0	0	0	100
	C15训练激励机制	4	10	4	0	0	100
B07日常管理	C16日常管理制度的制定与执行	1	15	2	0	0	100
	C17专职辅导员、值班老师	1	12	5	0	0	100
B08编制与结构	C18教师编制	1	5	12	0	0	100
	C19教师年龄、学历和职称结构	0	11	7	0	0	100
	C20教练员编制	11	4	3	0	0	100
	C21教练员年龄、学历和职称结构	4	10	4	0	0	100
B09建设与管理	C22人才引进政策	2	13	3	0	0	100
	C23教师管理	3	14	1	0	0	100
	C24教练员管理	6	12	0	0	0	100
	C25教练员职称晋升和奖励办法	1	3	8	6	0	66.7
B10教练员素质	C26思想道德品质	9	8	1	0	0	100
	C27科研能力	1	5	11	1	0	94.4
	C28执教能力	13	5	0	0	0	100

续表

二级指标	三级指标	人数					认可率（%）
		很重要	重要	一般	不重要	很不重要	
B11培训与提高	C29培训规划与方案	8	10	0	0	0	100
	C30培训经费	4	10	4	0	0	100
	C31学术交流	3	8	7	0	0	100
B12场地器材设施	C32教学设施	2	7	9	0	0	100
	C33训练设施	9	8	1	0	0	100
	C34生活设施	8	10	0	0	0	100
B13后勤工作	C35食宿供应	2	16	0	0	0	100
	C36医务监督	2	16	0	0	0	100
B14经费投入	C37经费预算	1	4	13	0	0	100
	C38人均经费	1	5	12	0	0	100
B15运动水平	C39健将级运动员	3	6	5	4	0	77.8
	C40一级运动员	3	6	6	3	0	83.3
B16比赛成绩	C41全国比赛成绩与次数	5	10	3	0	0	100
	C42省级比赛成绩与次数	0	6	5	7	0	61.1
	C43市级比赛成绩与次数	0	2	4	7	5	33.3
B17人才输送	C44升学率	2	11	5	0	0	100
	C45输送率	5	10	3	0	0	100

3.3.3.3 评价指标体系预案的形成

根据调查结果和专家意见，对我国重点篮球学校评价影响因素进行修改后，形成了我国重点篮球学校评价指标体系的预案。指标体系预案包含5个一级指标、17个二级指标和45个三级指标（表23）。

表23 我国重点篮球学校评价指标体系预案

一级指标	二级指标	三级指标
A1组织与领导	B01校领导重视	C01校领导专门负责
		C02定期召开自评与各项专题会议
	B02组织机构	C03相关机构设置与划分
		C04人员配备分工与协调沟通
	B03发展规划与章程	C05长期发展规划
		C06短期工作计划
A2学校管理	B04招生管理	C07招生规章制度
		C08招生方式方法
	B05教学管理	C09文化课程设置
		C10课程计划与执行
		C11课程考核
	B06训练竞赛管理	C12训练、比赛的计划和总结
		C13训练情况
		C14训练比赛规章制度与奖惩条例
		C15训练考核
	B07日常管理	C16日常管理制度的制定与执行
		C17专职辅导员、值班老师
		C18学生学籍、档案等与人才库管理
A3师资队伍建设	B08编制与结构	C19教师编制
		C20教师年龄、学历和职称结构
		C21教练员编制
		C22教练员年龄、学历和职称结构
	B09建设与管理	C23人才引进政策
		C24教师管理
		C25教练员管理

续表

一级指标	二级指标	三级指标
A3师资队伍建设	B10教练员素质与素养	C26思想道德品质与职业精神
		C27科研能力
		C28业务能力
	B11培训与提高	C29参加培训情况
		C30培训经费的支持情况
		C31学术交流
A4条件保障	B12场地器材设施	C32教学设施
		C33训练设施
	B13后勤工作	C34食宿供应
		C35医务监督
	B14经费情况	C36经费来源
		C37经费数目
A5办学绩效	B15运动水平	C38健将级运动员
		C39一级运动员
		C40二级运动员
	B16比赛成绩	C41全国比赛成绩与次数
		C42省级比赛成绩与次数
	B17人才输送	C43综合高校及体育院校
		C44省市运动队、俱乐部、解放军与行业体协
		C45国家队、国家青年队和国家少年队

3.3.4 我国重点篮球学校评价指标体系的确定（第二轮）

根据评价指标体系预案构建的方法，对修改之后的评价指标体系进行了第二轮专家咨询。第二轮咨询时，充分考虑到专家的积极性，在第一轮咨询专家中选取了15人发放了15份问卷（附件B），并全部收回。通过数据统计分析和专家意见反馈，形成我国重点篮球学校评价指标体系（表24）。

表24　我国重点篮球学校评价指标体系设置情况表

一级指标	二级指标	三级指标	人数					总分
			很重要	重要	一般	不重要	很不重要	
			9	7	5	3	1	
A1组织与领导	B01校领导重视	C01校领导专门负责	9	5	1	0	0	121
		C02定期召开自评与各项专题会议	2	5	5	3	0	87
	B02组织机构	C03相关机构设置与划分	5	6	4	0	0	107
		C04人员配备分工与协调沟通	3	7	5	0	0	101
	B03发展规划与章程	C05长期发展规划	5	6	4	0	0	107
		C06短期工作计划	6	6	3	0	0	111
A2学校管理	B04招生管理	C07招生规章制度	6	7	2	0	0	113
		C08招生方式方法	4	5	6	0	0	101
	B05教学管理	C09文化课程设置	9	3	3	0	0	117
		C10课程计划与执行	7	6	2	0	0	115
		C11课程考核	4	8	3	0	0	107
	B06训练竞赛管理	C12训练、比赛的计划和总结	8	6	1	0	0	119
		C13训练情况	11	4	0	0	0	127
		C14训练比赛规章制度与奖惩条例	8	7	0	0	0	121
		C15训练考核	9	6	0	0	0	123

续表

一级指标	二级指标	三级指标	人数					总分
			很重要	重要	一般	不重要	很不重要	
			9	7	5	3	1	
A2学校管理	B07日常管理	C16日常管理制度的制定与执行	1	13	1	0	0	105
		C17专职辅导员、值班老师	1	12	2	0	0	103
		C18学生学籍、档案等与人才库管理	3	11	1	0	0	109
A3师资队伍建设	B08编制与结构	C19教师编制	1	6	8	0	0	91
		C20教师年龄、学历和职称结构	0	7	8	0	0	89
		C21教练员编制	11	4	0	0	0	127
		C22教练员年龄、学历和职称结构	4	8	3	0	0	107
	B09建设与管理	C23人才引进政策	2	12	1	0	0	107
		C24教师管理	3	10	2	0	0	107
		C25教练员管理	6	9	0	0	0	117
	B10教练员素质与素养	C26思想道德品质与职业精神	9	6	0	0	0	123
		C27科研能力	0	3	12	0	0	81
		C28业务能力	8	7	0	0	0	121
	B11培训与提高	C29参加培训情况	6	9	0	0	0	117
		C30培训经费的支持情况	7	8	0	0	0	119
		C31学术交流	2	8	5	0	0	99

续表

一级指标	二级指标	三级指标	人数					总分
			很重要	重要	一般	不重要	很不重要	
			9	7	5	3	1	
A4条件保障	B12场地器材设施	C32教学设施	3	7	5	0	0	101
		C33训练设施	9	6	0	0	0	123
	B13后勤工作	C34食宿供应	5	10	0	0	0	115
		C35医务监督	2	13	0	0	0	109
	B14经费情况	C36经费来源	1	1	5	8	0	65
		C37经费数目	6	9	0	0	0	117
A5办学绩效	B15运动水平	C38健将级运动员	6	5	4	0	0	109
		C39一级运动员	4	5	4	2	0	97
		C40二级运动员	3	6	4	2	0	95
	B16比赛成绩	C41全国比赛成绩与次数	14	1	0	0	0	133
		C42省级比赛成绩与次数	3	5	7	0	0	97
	B17人才输送	C43综合高校及体育院校	5	9	1	0	0	113
		C44省市运动队、俱乐部、解放军与行业体协	5	10	0	0	0	115
		C45国家队、国家青年队和国家少年队	6	9	0	0	0	117

3.4 我国重点篮球学校评价指标体系权重系数的确定

权重（weight）也称权系数或重要度，是一个相对概念。针对某一指标而言，其权重是指该指标在整体评价中的相对重要程度。权重是要从若干评价指标中分出轻重来，一组评价指标体系相对应的权重组成了权重体系。

3.4.1 指标权重的确定方法——层次分析法

层次分析法（analytic hierarchy process，AHP）是美国运筹学家、匹兹堡大学的萨蒂教授于20世纪70年代初提出来的，无论在理论上还是在应用上都已经有了长足的发展。层次分析法的理论简单、实用性强，已经被各国的科研单位广泛应用在不确定情况下以及具有多数评价基准的决策问题上。层次分析法将定性与定量分析相结合，把复杂的问题分解为多个层次，由决策者对指标的重要程度进行两两比较，逐层次地进行判断和比较，通过计算正互反判断矩阵的特征向量，逐步得到最底层的指标相对于最高层的相对重要程度的权值。

3.4.2 层次分析法的工作程序

层次分析法的工作程序思路是先分解后综合的思想。基于这种思想，必须将所要分析的问题层次化，即将问题分解成不同层次的组成因素，按照层次间的隶属关系以及因素间的优劣关系，形成一个多层次分析结构模型，最终归结为最底层（指标）相对于最高层（评价体系）的相对重要程度的权值或相对优劣次序的问题。层次分析法工作程序如图9所示。

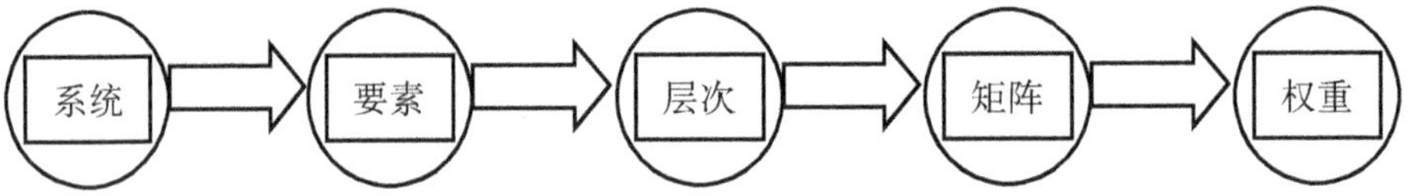

图9 层次分析法工作程序

3.4.2.1 建立层次分析的结构模型

在经过论证的基础上，建立一个多层次的阶梯层次结构模型，同一层次的因素从属于上一层因素的同时又支配着下一层因素。本研究已通过德尔菲问卷调查法构建了我国重点篮球学校评价指标体系（表24）。

3.4.2.2 构造判断矩阵

判断矩阵（judgement matrix）的构造是层次分析法的起点，也是层次分析法运用的关键一步。通过专家对每一层次水平的各个指标之间的比较，这种比较是一对一的比较，也称两两比较或成对比较。采用成对比较也是基于层次分析法的先分解后综合的指导思想，不把所有因素放在一起进行比较。另外，成对比较采用的是相对尺度，会尽可能减少因性质不同的诸因素相互比较而造成的困难，提高准确度。成对比较是基于层次分析法给出的9级比例尺度，将决策者的偏好判断数量化，形成判断矩阵（表25）。

表25 层次分析法评价尺度

成对比较标准	定义	内容
1	同等重要 (equally importance）	两个要素具有同等的重要性
3	稍微重要 （moderately more importance）	认为其中一个要素较另一个要素稍微重要
5	相当重要 （strongly more importance）	根据经验与判断，强烈倾向某一要素
7	明显重要 （very strongly importance）	实际上非常倾向某一要素
9	绝对重要 （extremely importance）	某一要素非常重要，一个要素明显强于另一个要素可控制的最大可能
2、4、6、8	—	用于上述标准之间的折中值
上述数值的倒数	指标i与j比较判断得a_{ij}，则j与i比较得$a_{ji}=1/a_{ij}$	

资料来源：托马斯·塞蒂（Thomas Saaty）开发的Expert Choice工具。

层次分析法采用1~9的比例尺度的依据如下。

（1）心理学的实验表明，大多数人对不同事物在相同属性上的差别的分辨能力在1~9，采用1~9的比例尺度反映了大多数人的判断能力。如果采用1~100的比例尺度，凭借感觉辨别像99和100的差别就有些困难了。

（2）大量的社会调查表明，1~9的比例尺度早已被人们所熟悉和采用。

（3）科学考察和实践表明，1~9的比例尺度已完全能区分引起人们感觉差别的事物的各种属性。

当然，任何判断矩阵都有以下性质。

①$a_{ij} > 0$。

②$a_{ij}=1/a_{ji}$。

③矩阵对角线为各要素自身的比较，所以数值为1，即$a_{ii}=1$。

④a_{ij}的值越大，表示要素A_i相对于要素A_j越重要。

根据性质①和性质②，成对比较矩阵又称正互反矩阵（positive reciprocal matrix）。由性质②和性质③可以知道，对于n阶判断矩阵只需要对其n（n-1）/2个上（下）三角元素给出判断。

3.4.2.3　计算权向量并做一致性检验

对每一个成对比较的矩阵，计算其最大特征根以及相应的特征向量，进行一致性检验。如果通过一致性检验，则证明由特征根方法算出的排序向量是合理的，将各特征向量归一化处理后得到各指标的权向量；如果没有通过一致性检验，则需要对判断矩阵的值进行修正。

检验成对比较的判断矩阵A的一致性步骤如下。

第一步，计算判断矩阵A（$n>1$）的一致性指标（consistence index，CI），计算公式为：

$$CI=(\lambda_{\max}-n)/(n-1)$$

其中，$\lambda_{\max}$为判断矩阵A的最大特征根值，计算公式为：

$$\lambda_{\max}=\frac{1}{n}\sum_{i=1}^{n}\frac{(Aw)_i}{w_i}$$

由于λ连续地依赖于a_{ij}，因此，λ比n大得越多，A的不一致性越严重。

第二步，对照判断矩阵A的阶数查出矩阵A的随机一致性指标（random consistency index，RI）的数值。表26为1~12阶随机一致性指标。

表26 随机一致性指标

阶数	1	2	3	4	5	6	7	8	9	10	11	12
RI	0.00	0.00	0.52	0.89	1.12	1.26	1.36	1.41	1.46	1.49	1.52	1.54

第三步，计算判断矩阵一致性比例（consistence ratio，CR），即：

$$CR = CI/RI$$

其中，RI为随机一致性指标。对于一致性比例，一般当$CR=0$时，可以认为A是完全一致性矩阵（completely consistency matrix）；当$CR < 0.1$时，认为A是满意一致性矩阵（satisfactory consistency matrix）；当$CR > 0.1$时，认为A不具有一致性。当判断矩阵具有满意的一致性时，λ_{max}稍大于矩阵阶数n，其余特征根接近于零。

3.4.3 指标权重系数的专家咨询

3.4.3.1 咨询专家的选择

选择15位专家进行问卷咨询（此15位专家全部来自评价体系指标确定的咨询专家）。

3.4.3.2 咨询表的内容（附件C）

3.4.3.3 咨询结果

本轮专家咨询共发出15份问卷，全部收回。但其中有1份未能通过一致性检验，不符合要求，剩余14份符合要求。

3.4.4 各级指标权重确定

3.4.4.1 一级指标权重系数的计算

以专家1对我国重点篮球学校评价指标体系的一级指标进行的成对比较判断

结果为例，构建判断矩阵，如表27。

表27　专家1一级指标判断矩阵表

一级指标	A1组织与领导	A2学校管理	A3师资队伍建设	A4条件保障	A5办学绩效
A1组织与领导	1	1/2	1/3	1/2	1/5
A2学校管理	2	1	1/2	1	1/3
A3师资队伍建设	3	2	1	3	1/2
A4条件保障	2	1	1/3	1	1/4
A5办学绩效	5	3	2	4	1

第一步，建立判断矩阵：

$$\begin{bmatrix} 1 & 1/2 & 1/3 & 1/2 & 1/5 \\ 2 & 1 & 1/2 & 1 & 1/3 \\ 3 & 2 & 1 & 3 & 1/2 \\ 2 & 1 & 1/3 & 1 & 1/4 \\ 5 & 3 & 2 & 4 & 1 \end{bmatrix}$$

第二步，计算判断矩阵每一行元素的乘积，即：

$$\mathrm{m}_i = \prod_{j=1}^{n} a_j \text{，} i=1, 2, 3, 4, 5$$

求得：

m_1=0.0167	m_2=0.3333	m_3=9	m_4=0.1667	m_5=120

第三步，计算m_i的n次方根，即：

$$\overline{w_i} = \sqrt[n]{m_i} \text{，} i=1, 2, 3, 4, 5$$

求得：

$\overline{w_1}$ =0.441	$\overline{w_2}$ =0.803	$\overline{w_3}$ =1.552	$\overline{w_4}$ =0.699	$\overline{w_5}$ =2.605

第四步，将向量$\overline{w}=\left(\overline{w_1},\overline{w_2},\overline{w_3},\overline{w_4},\overline{w_5}\right)^{T}$进行归一化处理，即：

$$w_i=\frac{\overline{w_i}}{\sum_{k=1}^{n}\overline{w_k}}，i=1，2，3，4，5$$

求得：

w_1=0.0723	w_2=0.1316	w_3=0.2544	w_4=0.1146	w_5=0.4271

第五步，计算最大特征根，即：

$$\lambda_{\max}=\frac{1}{n}\sum_{i=1}^{n}\frac{(Aw)_i}{w_i}，i=1，2，3，4，5$$

求得专家1对一级指标判断矩阵的最大特征根是5.0085。

第六步，计算一致性指标*CI*和一致性比例*CR*，由公式：

$$CI=\left(\lambda_{\max}-n\right)/\left(n-1\right)$$

求得*CI*=0.0021，由表可知当n=5时，*RI*=1.12。

$$CR=\frac{CI}{RI}=\frac{0.0021}{1.12}=0.0019<0.1$$

因此，专家1对一级指标的判断矩阵具有较好的一致性。

按照上述办法，计算出14位专家对我国重点篮球学校评价指标体系5个一级指标的权重系数和一致性检验结果。

如表28所示，*CR*均小于0.1，符合判断矩阵一致性检验的要求。

表28　14位专家对指标体系一级指标判断矩阵的权重计算结果统计表

	A1	A2	A3	A4	A5	$\lambda_{\max}$	*CI*	*CR*
专家1	0.0723	0.1316	0.2544	0.1146	0.4271	5.0085	0.0021	0.0019
专家2	0.0670	0.0885	0.2810	0.1374	0.4261	5.1633	0.0408	0.0365
专家3	0.0471	0.1199	0.1672	0.2503	0.4155	5.0605	0.0151	0.0135
专家4	0.0697	0.1776	0.2693	0.0899	0.3935	5.0104	0.0026	0.0023
专家5	0.0567	0.1696	0.4325	0.0601	0.2811	5.0739	0.0185	0.0165

续表

	A1	A2	A3	A4	A5	λ_{max}	*CI*	*CR*
专家6	0.0528	0.2290	0.0898	0.0898	0.5386	5.1779	0.0445	0.0397
专家7	0.0803	0.1889	0.3483	0.1122	0.2703	5.0418	0.0104	0.0093
专家8	0.0514	0.1415	0.2575	0.0872	0.4624	5.0742	0.0186	0.0166
专家9	0.0896	0.1693	0.2626	0.0896	0.3889	5.0184	0.0046	0.0041
专家10	0.0478	0.1643	0.2665	0.1023	0.4191	5.0478	0.0119	0.0107
专家11	0.0441	0.1016	0.1806	0.1806	0.4931	5.1375	0.0344	0.0307
专家12	0.0565	0.1613	0.1613	0.0938	0.5271	5.0252	0.0063	0.0056
专家13	0.0404	0.1329	0.2787	0.0910	0.4570	5.1366	0.0342	0.0305
专家14	0.0392	0.1054	0.2686	0.1669	0.4199	5.0356	0.0089	0.0079
平均数	0.0582	0.1487	0.2513	0.1190	0.4228	5.0723	0.0181	0.0161

如表29所示，14位专家对我国重点篮球学校评价指标体系的一级指标权重系数如下。

表29　14位专家对一级指标赋予的权重系数表

一级指标	权重系数
A1组织与领导	0.0582
A2学校管理	0.1487
A3师资队伍建设	0.2013
A4条件保障	0.1690
A5办学绩效	0.4228

3.4.4.2　二级指标权重系数的确定

按照上述方法，计算出14位专家对二级指标的权重系数，然后计算出平均值，即为二级指标的权重系数，结果见表30。

表30 14位专家对二级指标赋予的权重系数表

一级指标	二级指标	权重系数
A1组织与领导	B01校领导重视	0.3989
	B02组织机构	0.3989
	B03发展规划与章程	0.2022
A2学校管理	B04招生管理	0.1298
	B05教学管理	0.2369
	B06训练竞赛管理	0.4803
	B07日常管理	0.1530
A3师资队伍建设	B08编制与结构	0.1377
	B09建设与管理	0.2755
	B10教练员素质与素养	0.4128
	B11培训与提高	0.1740
A4条件保障	B12场地器材设施	0.2297
	B13后勤工作	0.1220
	B14经费情况	0.6483
A5办学绩效	B15运动水平	0.1095
	B16比赛成绩	0.3090
	B17人才输送	0.5815

3.4.4.3 三级指标权重系数的确定

考虑到专家咨询的简洁性与有效性，三级指标权重系数的确定根据表中专家对三级指标重要性判断所赋予的分值间的比例进行计算，结果见表31。

表31　专家对三级指标权赋予的重系数表

二级指标	三级指标	权重系数
B01校领导重视	C01校领导专门负责	0.5817
	C02定期召开自评与各项专题会议	0.4183
B02组织机构	C03相关机构设置与划分	0.5144
	C04人员配备分工与协调沟通	0.4856
B03发展规划与章程	C05长期发展规划	0.4908
	C06短期工作计划	0.5092
B04招生管理	C07招生规章制度	0.5280
	C08招生方式方法	0.4720
B05教学管理	C09文化课程设置	0.3451
	C10课程计划与执行	0.3392
	C11课程考核	0.3157
B06训练竞赛管理	C12训练、比赛的计划和总结	0.2429
	C13训练情况	0.2592
	C14训练比赛规章制度与奖惩条例	0.2469
	C15训练考核	0.2510
B07日常管理	C16日常管理制度的制定与执行	0.3312
	C17专职辅导员、值班老师	0.3249
	C18学生学籍、档案等与人才库管理	0.3439
B08编制与结构	C19教师编制	0.2198
	C20教师年龄、学历和职称结构	0.2149
	C21教练员编制	0.3068
	C22教练员年龄、学历和职称结构	0.2585

续表

二级指标	三级指标	权重系数
B09建设与管理	C23人才引进政策	0.3233
	C24教师管理	0.3233
	C25教练员管理	0.3534
B10教练员素质与素养	C26思想道德品质与职业精神	0.3785
	C27科研能力	0.2492
	C28业务能力	0.3723
B11培训与提高	C29参加培训情况	0.3493
	C30培训经费的支持情况	0.3552
	C31学术交流	0.2955
B12场地器材设施	C32教学设施	0.4509
	C33训练设施	0.5491
B13后勤工作	C34食宿供应	0.5134
	C35医务监督	0.4866
B14经费情况	C36经费来源	0.3571
	C37经费数目	0.6429
B15运动水平	C38健将级运动员	0.3621
	C39一级运动员	0.3223
	C40二级运动员	0.3156
B16比赛成绩	C41全国比赛成绩与次数	0.5783
	C42省级比赛成绩与次数	0.4217
B17人才输送	C43综合高校及体育院校	0.3275
	C44省市运动队、俱乐部、解放军与行业体协	0.3333
	C45国家队、国家青年队和国家少年队	0.3392

3.4.4.4　组合权重的计算

组合权重是指某一项指标在决策总目标评价时所占的比重，也就是总排序的权重，计算方法是将通过一致性检验的各层次指标的权重系数从高层到底层连乘，就得到了指标体系的组合权重（表32）。以W_i、W_j和W_k分别代表一、二、三级指标的权重系数，二级指标的综合权重系数则为W_{ij}，三级指标的综合权重系数则为W_{ijk}，即：

$$\text{二级指标综合权重：} W_i \times W_j = W_{ij}$$

$$\text{三级指标综合权重：} W_i \times W_j \times W_k = W_{ijk}$$

表32　我国重点篮球学校评价指标体系综合权重系数统计表

一级指标	一级指标权重系数 W_i	二级指标	二级指标权重系数 W_j	综合权重系数 W_{ij}	三级指标	三级指标权重系数 W_k	综合权重系数 W_{ijk}
A1组织与领导	0.0582	B1校领导重视	0.3989	0.0231	C1校领导专门负责	0.5817	0.0134
					C2定期召开自评与各项专题会议	0.4183	0.0097
		B2组织机构	0.3989	0.0232	C3相关机构设置与划分	0.5144	0.0119
					C4人员配备分工与协调沟通	0.4856	0.0113
		B3发展规划与章程	0.2022	0.0119	C5长期发展规划	0.4908	0.0058
					C6短期工作计划	0.5092	0.0061

续表

一级指标	一级指标权重系数 W_i	二级指标	二级指标权重系数 W_j	综合权重系数 W_{ij}	三级指标	三级指标权重系数 W_k	综合权重系数 W_{ijk}
A2学校管理	0.1487	B4招生管理	0.1298	0.0191	C7招生规章制度	0.5280	0.0102
					C8招生方式方法	0.4720	0.0089
		B5教学管理	0.2369	0.0352	C9文化课程设置	0.3451	0.0122
					C10课程计划与执行	0.3392	0.0119
					C11课程考核	0.3157	0.0111
		B6训练竞赛管理	0.4803	0.0720	C12训练、比赛的计划和总结	0.2429	0.0173
					C13训练情况	0.2592	0.0192
					C14训练比赛规章制度与奖惩条例	0.2469	0.0176
					C15训练考核	0.2510	0.0179
		B7日常管理	0.1530	0.0224	C16日常管理制度的制定与执行	0.3312	0.0074
					C17专职辅导员、值班老师	0.3249	0.0072
					C18学生学籍、档案等与人才库管理	0.3439	0.0078

续表

一级指标	一级指标权重系数 W_i	二级指标	二级指标权重系数 W_j	综合权重系数 W_{ij}	三级指标	三级指标权重系数 W_k	综合权重系数 W_{ijk}
A3师资队伍建设	0.2013	B8编制与结构	0.1377	0.0278	C19教师编制	0.2198	0.0061
					C20教师年龄、学历和职称结构	0.2149	0.0060
					C21教练员编制	0.3068	0.0085
					C22教练员年龄、学历和职称结构	0.2585	0.0072
		B9建设与管理	0.2755	0.0554	C23人才引进政策	0.3233	0.0179
					C24教师管理	0.3233	0.0179
					C25教练员管理	0.3534	0.0196
		B10教练员素质与素养	0.4128	0.0832	C26思想道德品质与职业精神	0.3785	0.0315
					C27科研能力	0.2492	0.0197
					C28业务能力	0.3723	0.0320
		B11培训与提高	0.1740	0.0349	C29参加培训情况	0.3493	0.0122
					C30培训经费的支持情况	0.3552	0.0124
					C31学术交流	0.2955	0.0103
A4条件保障	0.1690	B12场地器材设施	0.2297	0.0388	C32教学设施	0.4509	0.0175
					C33训练设施	0.5491	0.0213
		B13后勤工作	0.1220	0.0206	C34食宿供应	0.5134	0.0106
					C35医务监督	0.4866	0.0100
		B14经费情况	0.6483	0.1096	C36经费来源	0.3571	0.0391
					C37经费数目	0.6429	0.0705

续表

一级指标	一级指标权重系数 W_i	二级指标	二级指标权重系数 W_j	综合权重系数 W_{ij}	三级指标	三级指标权重系数 W_k	综合权重系数 W_{ijk}
A5办学绩效	0.4228	B15运动水平	0.1095	0.0463	C38健将级运动员	0.3621	0.0168
					C39一级运动员	0.3223	0.0149
					C40二级运动员	0.3156	0.0146
		B16比赛成绩	0.3090	0.1306	C41全国比赛成绩与次数	0.5783	0.0766
					C42省级比赛成绩与次数	0.4217	0.0540
		B17人才输送	0.5815	0.2459	C43综合高校及体育院校	0.3275	0.0805
					C44省市运动队、俱乐部、解放军与行业体协	0.3333	0.0820
					C45国家队、国家青年队和国家少年队	0.3392	0.0834

3.5 评价方法的选择与运用

所谓评价就是对诸多因素所影响的事物或现象作出总的评判，即针对评价对象的全体，根据所给的条件，给每一个对象赋予一个或几个非负实数即评价指标，再据此排队择优。本研究对我国重点篮球学校的综合分析、评价采用模糊综合评价法。

3.5.1 确定综合评价的因素集

我国重点篮球学校的评价是一个多指标、多变量、多角度的模糊集。因此，本研究选择模糊综合评价法，利用模糊数学模型的理论与方法对我国重点篮球学校实行一种定量评价，评价者从影响评价的主要因素出发，参照有关数据和情况，根据判断对这一模糊集作出不同程度的模糊评价，然后通过模糊数学提供的方法进行计算，最终得出定量的综合评价结果。对我国重点篮球学校进行评价时，应把评价对象的诸要素看作一个集合体，这一特定集合体内的所有对象称为论域。论域也称为基本集合，用大写英文字母U、V表示（或X、Y）。在作为论域中的讨论对象时，可以选出多个重要指标以此建立综合评价指标集，根据专家意见以及计算后的结果，评价指标分成Ⅰ级：5个；Ⅱ级：17个；Ⅲ级：45个。

综合评价集=I级五个集{组织与领导，学校管理，师资队伍建设，条件保障，办学绩效}，其中，组织与领导集={校领导重视，组织机构，发展规划}，学校管理集={招生管理，教学管理，训练竞赛管理，日常管理}，师资队伍建设集={编制与结构，建设与管理，教练员素质与素养，培训与提高}，条件保障集={场地器材设施，后勤工作，经费情况}，办学绩效集={运动水平，比赛成绩，人才输出}。

3.5.2 确定综合等级评语集

为了评价结果的客观、公正、合理，设计出评价指标内涵，划分出评价等级，供评价时使用。$V=\{V_1, V_2, V_3, V_4, V_5\}$。分别代表了综合等级评语的五个等级：很好、较好、一般、差、很差。由于每个指标与任何一个等级评语都有一定的数量关系，因此这种数量关系可用矩阵R表示，R就是由U和V合成的模糊关系，是一个（$m \times n$）的模糊矩阵。

$$R=\begin{bmatrix} r_1 & r_2 & \dots & r_{1m} \\ r_2 & r_2 & \dots & r_{2m} \\ \dots & \dots & \dots & \dots \\ r_{n1} & r_{n2} & \dots & r_m \end{bmatrix}$$

由于各评价指标在评价总目标中的相对重要程度不同，应赋予其不同的权重。权重的有限集合W=（w_1，w_2，…，w_m）。

一个模糊综合评价的过程，就是将评价指标集合U这一论域上的一个模糊集合W经过模糊关系R变换为评语集合V这一论域上的一个模糊集合B。因此，可以建立起模糊综合评价的数学模型：

$$B=W\cdot R=(w_1, w_2, \dots, w_m)\cdot\begin{bmatrix} r_1 & r_2 & \dots & r_{1m} \\ r_2 & r_2 & \dots & r_{2m} \\ \dots & \dots & \dots & \dots \\ r_{n1} & r_{n2} & \dots & r_m \end{bmatrix}$$

在此模型中，评价结果B是论域V上的一个模糊子集，也是一模糊向量，称为$1\times n$的模糊矩阵，B=（b_1，b_2，…，b_n），W为指标权重集，R是由U（评价指标集）和V（综合等级评语集）合成的模糊矩阵。

3.5.3 综合等级评语调查表

采用调查表的形式请相关的专家、领导等评价者对我国重点篮球学校的综合等级评语调查表进行填写，如表33所示。

表33 综合等级评语调查表

V / *U*	很好	较好	一般	差	很差
C1校领导专门负责					
C2定期召开自评与各项专题会议					

续表

V U	很好	较好	一般	差	很差
C3相关机构设置与划分					
C4人员配备分工与协调沟通					
C5长期发展规划					
C6短期工作计划					
C7招生规章制度					
C8招生方式方法					
C9文化课程设置					
C10课程计划与执行					
C11课程考核					
C12训练、比赛的计划和总结					
C13训练情况					
C14训练比赛规章制度与奖惩条例					
C15训练考核					
C16日常管理制度的制定与执行					
C17专职辅导员、值班老师					
C18学生学籍、档案等与人才库管理					
C19教师编制					
C20教师年龄、学历和职称结构					
C21教练员编制					

续表

V U	很好	较好	一般	差	很差
C22教练员年龄、学历和职称结构					
C23人才引进政策					
C24教师管理					
C25教练员管理					
C26思想道德品质与职业精神					
C27科研能力					
C28业务能力					
C29参加培训情况					
C30培训经费的支持情况					
C31学术交流					
C32教学设施					
C33训练设施					
C34食宿供应					
C35医务监督					
C36经费来源					
C37经费数目					
C38健将级运动员					
C39一级运动员					
C40二级运动员					
C41全国比赛成绩与次数					
C42省级比赛成绩与次数					
C43综合高校及体育院校					

续表

V U	很好	较好	一般	差	很差
C44省市运动队、俱乐部、解放军与行业体协					
C45国家队、国家青年队和国家少年队					

3.5.4 评价结果的整理

单因素模糊评价：单因素模糊评价就是相对于评价因素*U*分别做出的评价*V*。评价者对每一个评价指标均给出一个评语等级，计算出各等级的频率，即评价对象在每个评价指标上各等级的隶属度。隶属度是指一个元素属于一个集合的程度。隶属度可用0到1闭区间的一个数值来表示，当隶属度越强时，所取得数值就越接近1；当隶属度越弱时，所取得数值越接近0。

假如有20名专家、领导等填写调查表，评价人员应将这20份调查表收回，运用统计方法统计评价表上的数据。

用各项统计好的数除以总人数20，就能得出各单因素评判向量并建立模糊关系矩阵*R*。*R*作为一个从*U*到*V*的Fuzzy变换器，每输入一组指标权重W，就能得到相应的综合评价*B*。上述综合评价模型如图10所示。

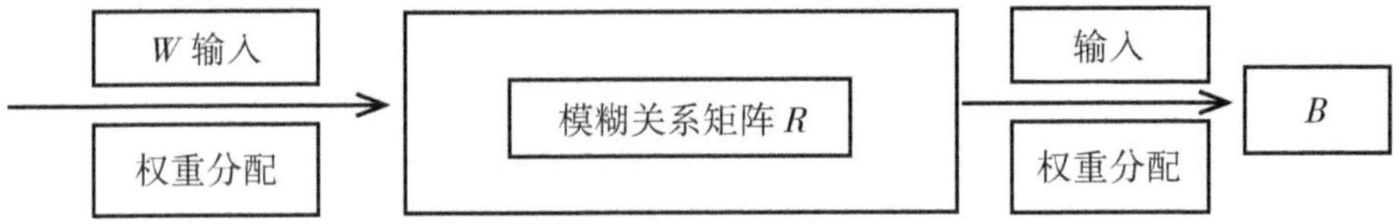

图10　模糊综合评价模型

综合评价运算的目的是将属于一个等级的各因素的隶属度综合成一个值。方法是将各指标的权重*W*与模糊综合评价矩阵*R*相乘，从而得出评价指标对各等级评语的隶属度。

本研究采用的是模糊综合评价法与一般意义的普通综合评价法在方法步骤上大致相同，不同之处在于，普通综合评价法中的关系矩阵相乘采用的是线性代数中的矩阵直接相乘法，而模糊综合评价法中的关系矩阵相乘则采用的是“最小最大原则”进行运算，也称为模糊变换。模糊矩阵的合成运算与普通矩阵相乘法有类似之处，只是将普通矩阵乘法中的实数加（+）改成逻辑加（∨），实数乘（·）改成逻辑乘（∧），也就是说，相乘时，矩阵对应元素取最小的，再在各结果中取最大的。逻辑加和逻辑乘的定义为：

逻辑加（∨）：$a \vee b = \max(a, b)$；

逻辑乘（∧）：$a \wedge b = \min(a, b)$。

“∨”为最大运算，“∧”为最小运算。

例如，

$$W=(0.3, 0.3, 0.2, 0.2), \quad R=\begin{bmatrix} 0.40 & 0.40 & 0.20 & 0.00 \\ 0.24 & 0.60 & 0.16 & 0.00 \\ 0.50 & 0.36 & 0.10 & 0.04 \\ 0.30 & 0.20 & 0.30 & 0.20 \end{bmatrix}$$

两个模糊矩阵W和R相乘时，记作$W \cdot R$。

$$B = W \cdot R = (0.3, 0.3, 0.2, 0.2)\begin{bmatrix} 0.40 & 0.40 & 0.20 & 0.00 \\ 0.24 & 0.60 & 0.16 & 0.00 \\ 0.50 & 0.36 & 0.10 & 0.04 \\ 0.30 & 0.20 & 0.30 & 0.20 \end{bmatrix}$$

计算过程如下。

（1）先用集合W的第1个数（0.3）与集合R中第1个数（0.40）相比较，取最小值，逐一比较，得出：

$$b_1=(0.3 \wedge 0.4) \vee (0.3 \wedge 0.4) \vee (0.2 \wedge 0.5) \vee (0.2 \wedge 0.3)$$
$$=0.3 \vee 0.24 \vee 0.2 \vee 0.2;$$

$$b_2=(0.3 \wedge 0.4) \vee (0.3 \wedge 0.60) \vee (0.2 \wedge 0.36) \vee (0.2 \wedge 0.2)$$
$$=0.3 \vee 0.3 \vee 0.2 \vee 0.2;$$

$$b_3=(0.3 \wedge 0.2) \vee (0.3 \wedge 0.16) \vee (0.2 \wedge 0.1) \vee (0.2 \wedge 0.3)$$

$=0.2 \vee 0.16 \vee 0.1 \vee 0.2$；

$b_4=(0.3 \wedge 0.0) \vee (0.3 \wedge 0.0) \vee (0.2 \wedge 0.04) \vee (0.2 \wedge 0.2)$

$=0.0 \vee 0.0 \vee 0.04 \vee 0.2$。

（2）再取最大值。

$b_1=0.3 \vee 0.24 \vee 0.2 \vee 0.2=0.3$；

$b_2=0.3 \vee 0.3 \vee 0.2 \vee 0.2=0.3$；

$b_3=0.2 \vee 0.16 \vee 0.1 \vee 0.2=0.2$；

$b_4=0.0 \vee 0.0 \vee 0.04 \vee 0.2=0.2$。

最后计算得出$B=(b_1,\ b_2,\ b_3,\ b_4)=(0.3,0.3,0.2,0.2)$。

由以上的运算过程可以看出，两个模糊矩阵相乘时，计算起来既快又方便，它并不是真正相乘，而是先取小后取大，只进行大小比较。这种运算方法比乘法运算简单得多，对于我国重点篮球学校进行综合评价采用此方法，在遇到大量评价指标时，评价的复杂性并不增加，增加的只是计算量而已。

对于我国重点篮球学校进行评价，具体操作步骤如下。

（1）将综合等级评语调查表发放给评价者，填写完后收回。

（2）收回后，统计人员对调查表进行处理与分析，得出单因素模糊关系矩阵R。

（3）用“最大最小原则”使45个元素的权重矩阵W与单因素模糊关系矩阵R进行模糊变换，最终得出归一化处理后的5个数值的矩阵C。

（4）根据矩阵C中的数值的具体情况以及模糊数学中的“最大隶属原则”，从而判定我国重点篮球学校归于哪个等级。

（5）若想计算出最后综合评价得分，可将评语等级中的：很好、较好、一般、差、很差分别赋予对应的分值，换算成百分制得分，如：很好（100~90）、较好（89~80）、一般（79~70）、较差（69~60）、很差（59以下），采用各分数段的上限构成分值等级矩阵D，则相对应的数值为：很好100、较好89、一般79、较差69、很差59。用计算出的综合评价矩阵C与D相乘即可得到评价总分数G，具体步骤如下。

$$G = C \cdot D = C \cdot \begin{bmatrix} 100 \\ 89 \\ 79 \\ 69 \\ 59 \end{bmatrix}$$

为了使读者更易理解如何使用，在此对我国某重点篮球学校的综合评价矩阵C进行拟定数值（0.25，0.35，0.2，0.1，0.1），则该校的最终评价得分为：

$$G = C \cdot D = (0.25, 0.35, 0.2, 0.1, 0.1) \begin{bmatrix} 100 \\ 89 \\ 79 \\ 69 \\ 59 \end{bmatrix}$$

$$= 0.25 \times 100 + 0.35 \times 89 + 0.2 \times 79 + 0.1 \times 69 + 0.1 \times 59$$

$$= 84.75$$

运用模糊数学评价法可知，该重点篮球学校的综合评价得分为84.75分。

3.6 我国重点篮球学校评价指标体系的实证性研究

为了检验所构建的我国重点篮球学校评价指标体系的科学性和有效性，通过运用之前所建立的评价指标体系及评分方法，以我国现存的三所重点篮球学校为评价对象（阜新、焦作、东莞篮球学校），从中国篮协、北京体育大学、首都体育学院的相关专家中选取了8位进行实证性评价。

本次采用的实证性研究方法是定性与定量相结合的综合性评价，这种评价赋有两层含义：一是请专家对三所重点篮球学校的相关资料了解之后，对三所重点篮球学校的整体进行评价，作为定性评价的重要内容；二是请专家运用本研究制定的指标体系和计算方法，对三所重点篮球学校进行评价，作为定量评价的重要内容。

在进行定性与定量评价后，检验两者的评价结果是否基本一致，从而检验出本套制定的评价指标体系和评价方法是否具备一定的科学性和有效性。

3.6.1 我国重点篮球学校专家定性评价

通过对8位专家进行我国重点篮球学校专家定性评价表的发放与回收，整理的具体结果如表34所示。

表34 我国重点篮球学校专家定性评价

学校 专家	专家1	专家2	专家3	专家4	专家5	专家6	专家7	专家8
中国篮协阜新篮球学校	很好	较好	很好	较好	较好	很好	较好	很好
焦作业余篮球学校	较好	一般	很好	较好	一般	很好	较好	较好
中国篮协东莞篮球学校	很好	较好	很好	较好	很好	很好	很好	较好

3.6.2 我国重点篮球学校专家综合评价

在进行了我国重点篮球学校专家定性评价后，将我国重点篮球学校专家综合评价表发给这8名专家，根据这三所篮球学校的指标相关资料进行填写回收，按照上文中所采用的模糊数学评价法进行数据处理与计算，结果如表35所示。

表35 我国重点篮球学校专家定量评价

学校 专家	专家1	专家2	专家3	专家4	专家5	专家6	专家7	专家8
中国篮协阜新篮球学校	91.05	87.15	92.60	85.45	83.70	89.05	88.60	90.95
焦作业余篮球学校	86.50	77.80	90.85	79.15	75.35	91.20	85.55	87.45

续表

学校 专家	专家1	专家2	专家3	专家4	专家5	专家6	专家7	专家8
中国篮协东莞篮球学校	93.20	88.30	94.35	82.55	94.05	93.00	92.30	84.90

通过我国重点篮球学校专家定量评价与定性评价两者对比，可得我国重点篮球学校评价指标体系的一致性检验结果，如表36所示。

表36　我国重点篮球学校定性与定量评价结果的一致性检验

学校 专家	专家1	专家2	专家3	专家4	专家5	专家6	专家7	专家8
中国篮协阜新篮球学校	一致	一致	一致	一致	一致	不一致	一致	一致
焦作业余篮球学校	一致	一致	一致	不一致	一致	一致	一致	一致
中国篮协东莞篮球学校	一致	一致	一致	一致	一致	一致	一致	一致

由表36可以看出，本研究构建的我国重点篮球学校评价指标体系具有较高的科学性与有效性，其定性与定量评价的一致性高达91.7%，并且在本套评价体系的整个评价过程中都由专业的数理统计专家给予指导与监督，保证了评价过程的严密性和评价结果的科学性，说明本研究构建的我国重点篮球学校评价指标体系能够满足客观公正评价的需要。

4 结论与建议

4.1 结 论

（1）我国重点篮球学校为我国竞技篮球后备人才的培养作出了一定的贡献，在办校过程中也遇到了一些难题，主要有：国家与当地的政策支持力度不够、办学经费不足、教练员薪资待遇低、场地设施紧张、体教结合不够紧密、优秀队员流失、队员参赛机会太少、学生出口得不到有效保障等。现存的三所重点篮球学校在办学上也有下滑的趋势。

（2）我国重点篮球学校评价指标体系构建的指导思想为，全面贯彻党的教育路线方针，依据国家竞技体育发展战略，凸显重点篮球学校的建设特征。以重点篮球学校人才培养目标与培养效果的实现为评价重点，当前与长远相结合，以评促建，以评促改，推动我国重点篮球学校提高教学质量，走内涵式发展、人才培养多样化道路。

（3）我国重点篮球学校评价指标体系构建的基本原则有：主体性原则、目标性原则、系统性原则、科学性原则、实证性原则和可行性原则。

（4）我国重点篮球学校的评价应是多角度与全方位的有效结合。本次构建的评价指标体系共包括5个一级指标、17个二级指标和45个三级指标。一级指标之间的权重系数差异较大，组织与领导为0.0582，学校管理与师资队伍建设和条件保障分别为0.1487、0.2013、0.1690，权重系数相差不大，办学绩效权重系数最高为0.4228。在二、三级指标中，只有“人才输送”的权重达到0.2459，其余的权重数值分布相对分散。通过初步的专家综合评判，检验是有效的。

4.2 建 议

（1）为了更好地促进我国重点篮球学校的发展，解决办校过程中遇到的问题，遏制住下滑的趋势，具体建议如下：首先，各级政府与组织对重点篮球学校的办学应提供足够的政策支持作为先导；其次，号召国家和当地各级部门以及民间组织加大对重点篮球学校的经费供给；再次，篮球学校自身也应处理好招生与学生发展的关系，切实做好“引进来，走出去”；最后，加强与学历学校、俱乐部的合作关系，构建篮球后备人才输送网和市场，努力提高学生的文化水平，尽最大努力将体教紧密结合起来。

（2）从一、二、三级评价指标的综合权重来看，办学绩效指标的权重所占比例最大，因此我国重点篮球学校在办校中应特别注重绩效的数量与质量，以此提升我国重点篮球学校的评价分值。但对于其他的评价指标也不应轻视，要全面和充分地做好每一项评价指标的要求，这有利于篮球学校整体实力的全面提升。

（3）由于我国重点篮球学校的办学目的与方针要随着时代发展不断地进行调整，因此其评价指标体系也应不断地调整与完善。鉴于评价对象的复杂性，本套评价指标体系还需要随着时代的发展和变化不断地充实与完善。

参考文献

[1]卢立涛.试论我国发展性学校评价体系的构建——重构政府、市场与学校之间的关系[J].教育学术月刊，2010（1）：43-46.

[2]迟晓明.我国篮球学校发展影响因素分析及对策研究[J].科技信息，2010（10）：656-658.

[3]刘佩韦.论法律评价[D].广西：广西师范大学，2003.

[4]王守恒，等.我国篮球项目竞技体育后备人才培养发展的战略思考[J].首都体育学院学报，2013（6）：527-535.

[5]闫军，等.我国篮球后备人才培养体制改革研究[J].山东体育学院学报，2009（2）：37-39.

[6]信兰成.篮球改革与发展的思路和措施[J].体育文史，2000：19-21.

[7]郁俊.从 CUBA 谈中小学篮球后备人才的培养[J].山东体育学院学报，1999（4）：55-57.

[8]袁凤生，程亚飞.河南省篮球传统项目学校现状调查与发展对策[J].中国体育科技，2007（3）：82-85.

[9]刘玉林，白喜林.从篮球后备力量看我国的篮球运动水平[J].中国体育科技，1998（8）：30-32.

[10]李洪国.北京市中学篮球传统项目学校人才培养现状调查与对策研究[D].北京：首都体育学院，2010.

[11]刘明远.我国篮球学校后备人才培养运行机制研究[D].北京：北京体育大学，2013.

[12]焦胜利.我国篮球学校现状及发展影响因素的研究[D].北京：北京体育大学，2006.

[13]陈龙.中国篮协直属五所篮球学校人才培养现状及发展对策研究[D].山东：山东体育学院，2011.

[14]柳明义.某青少年篮球学校的现状及分析[J].辽宁工学院学报，2002（2）：64-65.

[15]陈登辉，等.我国篮球试点校运动员训练与文化学习的现状调查[J].丽水学院学报，2006（5）：120-121.

[16]王小安，等.中国篮球协会成都篮球学校后备人才培养前景与对策研究[J].四川体育科学，2006（4）：83-85.

[17]陈春一，等.江西省体育传统项目（篮球）学校发展对策研究[J].九江学院学报，2009（6）：91-94.

[18]邓继红.中部地区示范性普通高中评价体系研究[D].南昌：江西师范大学，2004.

[19]王薇.中国、新西兰学校评价体系的比较及启示[J].教育测量与评价，2013：16-22.

[20]韩雪，罗生全.美国虚拟高中的评价体系及其借鉴[J].外国中小学教育，2012（11）：28-33.

[21]万冬根.当前高校评价体系分析与研究[J].高等教育研究学报，2006（4）：70-72.

[22]李海涛.国内外高校评价体系最新内容比较及其启示[J].高等教育研究，2010（3）：40-45.

[23]李木杰.技工院校办学质量多元评价体系的构建研究——以广东省为例[D].广州：华南理工大学，2013.

[24]刘青.直属体育院校附属竞技体校办学水平评估指标体系研究[J].成都体育学院学报，2000（2）：19-23.

[25]刘志红.学校体育教学评价体系构建与可操作性研究[D].石家庄：河北师范大学，2007.

[26]屈宏强.学校体育均衡发展评价指标体系的构建与实证研究——以河南省中学为例[D].福州：福建师范大学，2012.

[27]陈艳椿.我国专业类高校评价标准与指标体系研究[D].长沙：湖南大学，2013.

[28]刘云龙.高校教师评价体系构建[D].重庆：重庆大学，2008.

[29]张丽.高等院校课堂教学质量评价体系的构建[D].济南：山东师范大学，2009.

[30]孙冰川，唐成.普通高等学校体育教学评价指标体系的建立及其多元评价模型的研究[J].南京体育学院学报，2006（1）：70-72.

[31]黄春艳.新纲要下普通高校排球选项课学习评价体系的构建[D].北京：北京体育大学，2010.

[32]王蔷馨.民办本科高校教师课堂教学质量评价体系的研究与实践——以三江学院为例[D].南京：南京农业大学，2013.

附 件

附件A

《我国重点篮球学校评价指标体系的构建研究》专家咨询表
（第一轮）

尊敬的专家：

您好！首先感谢您在百忙之中抽出时间对《我国重点篮球学校评价指标体系的构建研究》提出宝贵意见。

我们进行问卷调查的目的是拟建立一套综合性的重点篮球学校评价指标体系。调查问卷分为两个部分：第一部分为专家基本情况调查表；第二部分是重点篮球学校评价一、二、三级指标判定表。问卷调查中涉及的个人信息，我们将严格保密，不会对外公开。

感谢您对本课题研究的支持和帮助，祝您工作顺利，万事如意！

第一部分　专家基本情况调查表

填表说明：

表A1是拟定的专家基本情况调查表，请您逐栏填写，该问卷所获得的信息仅作本课题研究所用，严格保密，不对外公开。填表时，对应每一项判断依据，在您认为恰当的栏内打“√”，每种判断依据影响程度不能重复打“√”。

续表

表A1　专家基本情况调查表

<table>
<tr><td colspan="4">您的职称：</td><td colspan="5">您的职务：</td></tr>
<tr><td colspan="9">以下内容请在相应的栏内打“√”</td></tr>
<tr><td rowspan="2">指标判断的依据</td><td colspan="8">依据程度（专家自我评价）</td></tr>
<tr><td colspan="2">大</td><td colspan="3">中</td><td colspan="3">小</td></tr>
<tr><td>理论分析</td><td colspan="2"></td><td colspan="3"></td><td colspan="3"></td></tr>
<tr><td>工作经验</td><td colspan="2"></td><td colspan="3"></td><td colspan="3"></td></tr>
<tr><td>参考国内外文献</td><td colspan="2"></td><td colspan="3"></td><td colspan="3"></td></tr>
<tr><td>直觉判断</td><td colspan="2"></td><td colspan="3"></td><td colspan="3"></td></tr>
<tr><td colspan="9">以下内容请在相应的栏内打“√”</td></tr>
<tr><td>内容的熟悉程度</td><td>很熟悉</td><td></td><td>熟悉</td><td></td><td>了解</td><td></td><td>不清楚</td><td></td></tr>
</table>

第二部分　我国重点篮球学校评价指标体系咨询表

填表说明：

下表是本人列出的重点篮球学校评价指标体系的草案，按其重要程度分为五个等级：很重要、重要、一般、不重要、很不重要，并相应赋予9、7、5、3、1的分值。请您在您认为合适的栏内打“√”；若您认为该项指标描述不准确或者应该删除，请在“修改意见”栏内修改或注明；若您认为我们还有未考虑到的、需要增加的项目，请在空白栏内补充，修改或补充的指标请同样判断其重要程度，在其后以“分值”的形式反馈。表A2是一级指标，表A3是二级指标，表A4是三级指标。

表A2 重点篮球学校评价指标体系一级指标咨询表

一级指标	重要程度及相应分值					修改意见
	很重要	重要	一般	不重要	很不重要	
	9	7	5	3	1	
A1组织与领导						
A2学校管理						
A3师资队伍建设						
A4条件保障						
A5办学绩效						

对于表A2，若您还有其他意见，请填写在下栏：

表A3 重点篮球学校评价指标体系二级指标咨询表

一级指标	二级指标	重要程度及相应分值					修改意见
		很重要	重要	一般	不重要	很不重要	
		9	7	5	3	1	
A1组织与领导	B1校领导重视						
	B2 组织机构						
	B3 发展规划						

续表

一级指标	二级指标	重要程度及相应分值					修改意见
		很重要	重要	一般	不重要	很不重要	
		9	7	5	3	1	
A2学校管理	B4 招生管理						
	B5 教学管理						
	B6训练竞赛管理						
	B7日常管理						
A3师资队伍建设	B8编制与结构						
	B9建设与管理						
	B10教练员素质						
	B11培训与提高						
A4条件保障	B12场地器材设施						
	B13 后勤工作						
	B14 经费投入						
A5办学绩效	B15运动水平						
	B16运动成绩						
	B17人才输送						

对于表A3，若您还有其他意见，请填写在下栏：

表A4 重点篮球学校评价指标体系三级指标咨询表

二级指标	三级指标	重要程度及相应分值					修改意见
		很重要	重要	一般	不重要	很不重要	
		9	7	5	3	1	
B1校领导重视	C1校领导专门负责						
	C2定期召开专题会议						
B2组织机构	C3相关机构设置						
	C4人员配备与分工						
B3发展规划	C5长期发展规划						
	C6短期工作计划						
B4招生管理	C7招生政策						
	C8招生规章制度						
B5教学管理	C9教学大纲制定与执行						
	C10课程安排						
	C11考试考核						
B6训练竞赛管理	C12训练计划和比赛总结						
	C13训练时数						
	C14训练比赛规章制度与奖惩条例						
	C15训练激励机制						
B7日常管理	C16日常管理制度的制定与执行						
	C17专职辅导员、值班老师						

续表

二级指标	三级指标	重要程度及相应分值					修改意见
		很重要	重要	一般	不重要	很不重要	
		9	7	5	3	1	
B8编制与结构	C18教师编制						
	C19教师年龄、学历和职称结构						
	C20教练员编制						
	C21教练员年龄、学历和职称结构						
B9建设与管理	C22人才引进政策						
	C23教师管理						
	C24教练员管理						
	C25教练员职称晋升和奖励办法						
B10教练员素质	C26思想道德品质						
	C27科研能力						
	C28执教能力						
B11培训与提高	C29培训规划与方案						
	C30培训经费						
	C31学术交流						
B12场地器材设施	C32教学设施						
	C33训练设施						
	C34生活设施						
B13后勤工作	C35食宿供应						
	C36医务监督						

续表

二级指标	三级指标	重要程度及相应分值					修改意见
		很重要	重要	一般	不重要	很不重要	
		9	7	5	3	1	
B14经费投入	C37经费预算						
	C38人均经费						
B15运动水平	C39健将级运动员						
	C40一级运动员						
B16比赛成绩	C41全国比赛成绩与次数						
	C42省级比赛成绩与次数						
	C43市级比赛成绩与次数						
B17人才输送	C44升学率						
	C45输送率						

对于表A4，若您还有其他意见，请填写在下栏：

附件B

《我国重点篮球学校评价指标体系的构建研究》专家咨询表（第二轮）

尊敬的专家：

您好！首先再次感谢您在百忙之中抽出时间对《我国重点篮球学校评价指标体系的构建研究》提出宝贵意见。

此份问卷在上一轮问卷调查的基础上进行了修改与完善，其目的在于确定我国重点篮球学校评价指标体系，以及指标的重要程度。

再次感谢您对本课题研究的支持和帮助，祝您工作顺利，万事如意！

填表说明：

下表是根据第一轮专家调查结果所形成的我国重点篮球学校评价指标体系咨询表，按其重要程度分为五个等级：很重要、重要、一般、不重要、很不重要，并相应赋予9、7、5、3、1的分值。请您在您认为合适的栏内打“√”；若您认为该项指标描述不准确或者应该删除，请在“修改意见”栏内修改或注明，修改或补充的指标请同样判断其重要程度，在其后以“分值”的形式反馈。

表B1　我国重点篮球学校评价指标体系咨询表

一级指标	二级指标	三级指标	重要程度及相应分值				
			很重要（9）	重要（7）	一般（5）	不重要（3）	很不重要（1）
A1组织与领导	B1校领导重视	C1校领导专门负责					
		C2定期召开自评与各项专题会议					

续表

一级指标	二级指标	三级指标	重要程度及相应分值				
			很重要（9）	重要（7）	一般（5）	不重要（3）	很不重要（1）
A1组织与领导	B02组织机构	C03相关机构设置与划分					
		C04人员配备分工与协调沟通					
	B03发展规划与章程	C05长期发展规划					
		C06短期工作计划					
修改意见：							
A2学校管理	B04招生管理	C07招生规章制度					
		C08招生方式方法					
	B05教学管理	C09文化课程设置					
		C10课程计划与执行					
		C11课程考核					
	B06训练竞赛管理	C12训练、比赛的计划和总结					
		C13训练情况					
		C14训练比赛规章制度与奖惩条例					
		C15训练考核					

续表

一级指标	二级指标	三级指标	重要程度及相应分值				
			很重要（9）	重要（7）	一般（5）	不重要（3）	很不重要（1）
A2学校管理	B07日常管理	C16日常管理制度的制定与执行					
		C17专职辅导员、值班老师					
		C18学生学籍、档案等与人才库管理					
修改意见：							
A3师资队伍建设	B08编制与结构	C19教师编制					
		C20教师年龄、学历和职称结构					
		C21教练员编制					
		C22教练员年龄、学历和职称结构					
	B09建设与管理	C23人才引进政策					
		C24教师管理					
		C25教练员管理					
	B10教练员素质	C26思想道德品质与职业精神					
		C27科研能力					
		C28业务能力					

续表

一级指标	二级指标	三级指标	重要程度及相应分值				
			很重要（9）	重要（7）	一般（5）	不重要（3）	很不重要（1）
A3师资队伍建设	B11培训与提高	C29参加培训情况					
		C30培训经费的支持情况					
		C31学术交流					
修改意见：							
A4条件保障	B12场地器材设施	C32教学设施					
		C33训练设施					
	B13后勤工作	C34食宿供应					
		C35医务监督					
	B14经费情况	C36经费来源					
		C37经费数目					
修改意见：							

续表

一级指标	二级指标	三级指标	重要程度及相应分值				
			很重要（9）	重要（7）	一般（5）	不重要（3）	很不重要（1）
A5办学绩效	B15运动水平	C38健将级运动员					
		C39一级运动员					
		C40二级运动员					
	B16比赛成绩	C41全国比赛成绩与次数					
		C42省级比赛成绩与次数					
	B17人才输送	C43综合高校及体育院校					
		C44省市运动队、俱乐部、解放军与行业体协					
		C45国家队、国家青年队和国家少年队					
修改意见：							

附件C

《我国重点篮球学校评价指标体系的构建研究》专家咨询表

尊敬的专家：

您好!首先感谢您在百忙之中抽出时间对《我国重点篮球学校评价指标体系的构建研究》提出宝贵意见。

我们进行问卷调查的目的是拟建立一套综合性的评价指标体系，对我国重点篮球学校发展状况进行综合评价。

再次感谢您对本课题研究的支持和帮助，祝您工作顺利、万事如意。

说明1：该问卷内容是针对《我国重点篮球学校评价指标体系的构建研究》的调查。我们将根据您的意见确定评估指标体系中各个指标的权重。您的意见对我们的研究非常重要，请您抽出宝贵时间回答下面的问题，谢谢您的大力支持。

说明2：下面是我国重点篮球学校评价指标体系中的一级指标，即组织与领导、学校管理、师资队伍建设、条件保障、办学绩效。请您将这五个一级指标进行两两比较，并用1~9分评定。其中，9：1~2：1表示左侧的指标与右侧的指标相比是绝对重要，1：1是两个指标一样重要，1：2~1：9反之亦然。请在相应栏目下打“√”。

填表方法：

（1）表中同一行内，先看第一栏的指标（左侧指标），再看最后一栏的另一个指标（右侧指标），两个指标进行比较。

（2）如果左侧指标比右侧指标重要，请在9：1~2：1选择重要程度，并打“√”。

（3）如果左侧指标与右侧指标一样重要，请在1：1一栏打“√”。

（4）如果右侧指标比左侧指标重要，请在1：2~ 1：9选择重要程度。

表C1　我国重点篮球学校评价指标的比较（一级指标的比较）

一个指标	左右两个指标相比较的程度																	另一个指标
	9∶1	8∶1	7∶1	6∶1	5∶1	4∶1	3∶1	2∶1	1∶1	1∶2	1∶3	1∶4	1∶5	1∶6	1∶7	1∶8	1∶9	
组织与领导																		学校管理
组织与领导																		师资队伍建设
组织与领导																		条件保障
组织与领导																		办学绩效
学校管理																		师资队伍建设
学校管理																		条件保障
学校管理																		办学绩效
师资队伍建设																		条件保障
师资队伍建设																		办学绩效
条件保障																		办学绩效

表C2 我国重点篮球学校评价指标的比较（二级指标的比较）

A1组织与领导下的二级指标

一个指标	左右两个指标相比较的程度																	另一个指标
	9:1	8:1	7:1	6:1	5:1	4:1	3:1	2:1	1:1	1:2	1:3	1:4	1:5	1:6	1:7	1:8	1:9	
校领导重视																		组织机构
校领导重视																		发展规划与章程
组织机构																		发展规划与章程

A2学校管理下的二级指标

一个指标	左右两个指标相比较的程度																	另一个指标
	9:1	8:1	7:1	6:1	5:1	4:1	3:1	2:1	1:1	1:2	1:3	1:4	1:5	1:6	1:7	1:8	1:9	
招生管理																		教学管理
招生管理																		训练竞赛管理
招生管理																		日常管理
教学管理																		训练竞赛管理
教学管理																		日常管理
训练竞赛管理																		日常管理

A3师资队伍建设下的二级指标

一个指标	左右两个指标相比较的程度																	另一个指标
	9:1	8:1	7:1	6:1	5:1	4:1	3:1	2:1	1:1	1:2	1:3	1:4	1:5	1:6	1:7	1:8	1:9	
编制与结构																		建设与管理
编制与结构																		教练员素质与素养
编制与结构																		培训与提高
建设与管理																		教练员素质与素养
建设与管理																		培训与提高
教练员素质与素养																		培训与提高

A4条件保障下的二级指标

一个指标	左右两个指标相比较的程度																	另一个指标
	9:1	8:1	7:1	6:1	5:1	4:1	3:1	2:1	1:1	1:2	1:3	1:4	1:5	1:6	1:7	1:8	1:9	
场地器材设施																		后勤工作
场地器材设施																		经费情况
后勤工作																		经费情况

A5办学绩效下的二级指标

一个指标	左右两个指标相比较的程度																	另一个指标
	9:1	8:1	7:1	6:1	5:1	4:1	3:1	2:1	1:1	1:2	1:3	1:4	1:5	1:6	1:7	1:8	1:9	
运动水平																		比赛成绩
运动水平																		人才输送
比赛成绩																		人才输送

附件D

我国重点篮球学校专家定性评价表

尊敬的专家：

您好！首先感谢您在百忙之中抽出时间填写我国重点篮球学校专家定性评价表，我们进行问卷调查的目的是拟对我国重点篮球学校进行定性的评价。问卷调查中涉及的个人信息，我们将严格保密，不会对外公开。

感谢您对本课题研究的支持和帮助，祝您工作顺利，万事如意！

填表说明：

下表是本人列出的三所重点篮球学校专家定性评价表，按本套评价方法分为五个等级：很好（100~90分）、较好（89~80分）、一般（79~70分）、较差（69~60分）、很差（59分以下）。请您根据三所篮球学校资料在您认为合适的栏内打“√”。

表D1 我国重点篮球学校专家定性评价表

学校名称 定性评价	很好 （100~90分）	较好 （89~80分）	一般 （79~70分）	较差 （69~60分）	很差 （59分以下）
中国篮协阜新篮球学校					
焦作业余篮球学校					
中国篮协东莞篮球学校					

附件E

我国重点篮球学校专家综合等级评价表

尊敬的专家：

您好！首先感谢您在百忙之中抽出时间填写我国重点篮球学校专家综合等级评价表，我们进行问卷调查的目的是拟对我国重点篮球学校进行定性的评价。问卷调查中涉及的个人信息，我们将严格保密，不会对外公开。

感谢您对本课题研究的支持和帮助，祝您工作顺利，万事如意！

填表说明：

下表是本人列出的我国重点篮球学校评价指标（V）体系综合评价表，按本套评价方法分为五个等级（U）：很好、较好、一般、较差、很差。请您根据篮球学校资料，在您认为合适的栏内打“√”。

表E1　阜新篮球学校综合等级评语调查表

V U	很好	较好	一般	差	很差
C1校领导专门负责					
C2定期召开自评与各项专题会议					
C3相关机构设置与划分					
C4人员配备分工与协调沟通					
C5长期发展规划					
C6短期工作计划					
C7招生规章制度					
C8招生方式方法					
C9文化课程设置					
C10课程计划与执行					

续表

V U	很好	较好	一般	差	很差
C11课程考核					
C12训练、比赛的计划和总结					
C13训练情况					
C14训练比赛规章制度与奖惩条例					
C15训练考核					
C16日常管理制度的制定与执行					
C17专职辅导员、值班老师					
C18学生学籍、档案等与人才库管理					
C19教师编制					
C20教师年龄、学历和职称结构					
C21教练员编制					
C22教练员年龄、学历和职称结构					
C23人才引进政策					
C24教师管理					
C25教练员管理					
C26思想道德品质与职业精神					
C27科研能力					
C28业务能力					
C29参加培训情况					
C30培训经费的支持情况					
C31学术交流					
C32教学设施					
C33训练设施					

续表

V U	很好	较好	一般	差	很差
C34食宿供应					
C35医务监督					
C36经费来源					
C37经费数目					
C38健将级运动员					
C39一级运动员					
C40二级运动员					
C41全国比赛成绩与次数					
C42省级比赛成绩与次数					
C43综合高校及体育院校					
C44省市运动队、俱乐部、解放军与行业体协					
C45国家队、国家青年队和国家少年队					

表E2　焦作业余篮球学校综合等级评语调查表

V U	很好	较好	一般	差	很差
C1校领导专门负责					
C2定期召开自评与各项专题会议					
C3相关机构设置与划分					
C4人员配备分工与协调沟通					
C5长期发展规划					
C6短期工作计划					
C7招生规章制度					

续表

V U	很好	较好	一般	差	很差
C8招生方式方法					
C9文化课程设置					
C10课程计划与执行					
C11课程考核					
C12训练、比赛的计划和总结					
C13训练情况					
C14训练比赛规章制度与奖惩条例					
C15训练考核					
C16日常管理制度的制定与执行					
C17专职辅导员、值班老师					
C18学生学籍、档案等与人才库管理					
C19教师编制					
C20教师年龄、学历和职称结构					
C21教练员编制					
C22教练员年龄、学历和职称结构					
C23人才引进政策					
C24教师管理					
C25教练员管理					
C26思想道德品质与职业精神					
C27科研能力					
C28业务能力					
C29参加培训情况					
C30培训经费的支持情况					

续表

V U	很好	较好	一般	差	很差
C31学术交流					
C32教学设施					
C33训练设施					
C34食宿供应					
C35医务监督					
C36经费来源					
C37经费数目					
C38健将级运动员					
C39一级运动员					
C40二级运动员					
C41全国比赛成绩与次数					
C42省级比赛成绩与次数					
C43综合高校及体育院校					
C44省市运动队、俱乐部、解放军与行业体协					
C45国家队、国家青年队和国家少年队					

表E3　东莞篮球学校综合等级评语调查表

V U	很好	较好	一般	差	很差
C1校领导专门负责					
C2定期召开自评与各项专题会议					
C3相关机构设置与划分					
C4人员配备分工与协调沟通					

续表

V U	很好	较好	一般	差	很差
C5长期发展规划					
C6短期工作计划					
C7招生规章制度					
C8招生方式方法					
C9文化课程设置					
C10课程计划于执行					
C11课程考核					
C12训练、比赛的计划和总结					
C13训练情况					
C14训练比赛规章制度与奖惩条例					
C15训练考核					
C16日常管理制度的制定与执行					
C17专职辅导员、值班老师					
C18学生学籍、档案等与人才库管理					
C19教师编制					
C20教师年龄、学历和职称结构					
C21教练员编制					
C22教练员年龄、学历和职称结构					
C23人才引进政策					
C24教师管理					
C25教练员管理					
C26思想道德品质与职业精神					
C27科研能力					

续表

V U	很好	较好	一般	差	很差
C28业务能力					
C29参加培训情况					
C30培训经费的支持情况					
C31学术交流					
C32教学设施					
C33训练设施					
C34食宿供应					
C35医务监督					
C36经费来源					
C37经费数目					
C38健将级运动员					
C39一级运动员					
C40二级运动员					
C41全国比赛成绩与次数					
C42省级比赛成绩与次数					
C43综合高校及体育院校					
C44省市运动队、俱乐部、解放军与行业体协					
C45国家队、国家青年队和国家少年队					

致 谢

我国重点篮球学校建设起始于20世纪80年代，火热在20世纪90年代，其建设的主要目的是为国家培养有文化素养的高水平的篮球竞技后备人才。造成我国篮球目前处境的主因之一正是后备人才的匮乏。如何来推进、完善现有的培养路径？这是萌生本研究的引子，今天我们所做的只能算是抛砖引玉。

在研究和书稿撰写的过程中，我们参考了大量学者的研究成果，得到了北京体育大学、首都体育学院多位专家的帮助，在此一并致谢。

我们还要感谢国家体育总局篮球运动管理中心青少部都娟部长。都部长从选题、调研到政策咨询与解读，给予了我们大量的帮助和支持。都部长对我国重点篮球学校多年的管理经验和对我国青少年篮球运动的深刻理解，也给了我们诸多启示。

此外，我们在实地考察调研过程中，得到了中国阜新篮球学校李明校长和何海建老师，焦作市业余篮球学校申长庚校长、董天恩副校长和竞训部主任宋昕老师，东莞篮球学校李林校长的热情接待和大力支持。他们为本研究提供了大量的资料并提出了宝贵建议，在此对他们的帮助深表谢意。他们对中国青少年篮球事业的执着也深深地感染了我们，从他们身上我们看到了中国篮球的希望。

最后，我们要感谢北京体育大学出版社，从书稿篇章构架、标题的选设以及文字的润色等都给予了很多帮助。

2017年12月